LINGUAGEM E DISCURSO

FACES DA CULTURA E DA COMUNICAÇÃO ORGANIZACIONAL

7

LINGUAGEM E DISCURSO

Marlene Marchiori (org.)

Difusão Editora

senac

ISBN: 978-85-7808-176-8
Código: COFAV7T2E1I1

Editoras: Michelle Fernandes Aranha e Karine Fajardo
Gerente de produção: Genilda Ferreira Murta
Coordenador editorial: Neto Bach
Assistente editorial: Karen Abuin
Copidesque: Jacqueline Gutierrez
Revisão: Cristina Lavrador Alves e Fernando Alves
Tradução do Ensaio: Maud V. Rugeroni
Revisão da tradução do Ensaio: Maria do Carmo Reis
Capa: Cristina Thomé (Visualitá)
Ilustrações de capa: Detalhe da obra "Savage I" – 2010, do artista plástico José Gonçalves
(www.josegoncalves.art.br)
Projeto gráfico e editoração: Roberta Bassanetto (Farol Editorial e Design)

Dados Internacionais de Catalogação na Publicação (CIP)
(Câmara Brasileira do Livro, SP, Brasil)

Linguagem e discurso / Marlene Marchiori (org.). -- São Caetano do Sul, SP: Difusão Editora; Rio de Janeiro: Editora Senac Rio de Janeiro, 2014. -- (Coleção faces da cultura e da comunicação organizacional; v. 7)

    Vários autores
    Bibliografia.
    ISBN 978-85-7808-102-7 (obra completa)
    ISBN 978-85-7808-176-8 (v. 7)

    1. Análise do discurso 2. Comunicação nas organizações 3. Cultura organizacional 4. Linguagem I. Marchiori, Marlene. II. Série.

14-01349   CDD-401.41

Índices para catálogo sistemático:
1. Análise de discurso: Comunicação: Linguagem 401.41

Impresso no Brasil em abril de 2014.

SISTEMA FECOMÉRCIO-RJ
SENAC RIO DE JANEIRO
Presidente do Conselho Regional: Orlando Diniz
Diretor-Geral do Senac Rio de Janeiro: Julio Pedro
Conselho Editorial: Julio Pedro, Ana Paula Alfredo, Marcelo Loureiro, Wilma Freitas, Manuel Vieira e Karine Fajardo

Editora Senac Rio de Janeiro
Rua Pompeu Loureiro, 45/11º andar – Copacabana
CEP 22061-000 – Rio de Janeiro – RJ
comercial.editora@rj.senac.br | editora@rj.senac.br
www.rj.senac.br/editora

Difusão Editora
Rua José Paolone, 72 – Santa Paula
CEP 09521-370 – São Caetano do Sul – SP
difusao@difusaoeditora.com.br – www.difusaoeditora.com.br
Fone/fax: (11) 4227-9400

Dedico esta coleção
a minha filha Mariel.

Sumário

Agradecimentos

Obrigada pelo envolvimento, pelo aprendizado e pelas contribuições de cada autor, pesquisador, colega e executivo de comunicação, pessoas que possibilitaram tornar a coleção *Faces da cultura e da comunicação organizacional* instigante e desafiadora.

Dirijo meu reconhecimento e agradecimento especial aos orientadores Mike Featherstone, Patrice M. Buzzanell, Sergio Bulgacov e Sidineia Gomes Freitas, os quais marcaram minha trajetória. Sou grata ainda à dedicação de Ana Luisa de Castro Almeida e ao apoio dos colegas Eda Castro Lucas de Souza, Eni Orlandi, Fabio Vizeu, Ivone de Lourdes Oliveira, Miguel L. Contani, Paulo Nassar, Regiane Regina Ribeiro, Suzana Braga Rodrigues, Vera R. Veiga França e Wilma Vilaça, e dos alunos de pós-graduação e de iniciação científica dos grupos de pesquisa que lidero.

Agradeço ao empresário Luiz Meneghel Neto e à executiva Michelle Fernandes Aranha – que, com visões empreendedoras, sempre acreditaram e incentivaram o desenvolvimento dos estudos nesse campo –, e ao apoio e ao envolvimento das equipes da Difusão Editora e da Editora Senac Rio de Janeiro.

Sobre os autores

Adriana Machado Casali

Detentora do título de ABD em Comunicação Organizacional pela Université de Montréal, no Canadá. É doutora em Engenharia de Produção pela Universidade Federal de Santa Catarina (UFSC) e mestre em Administração pela Universidade Federal do Paraná (UFPR), na qual atua como professora adjunta. Seus principais interesses de pesquisa são: comunicação e análise organizacional; globalização, internacionalização e mudança organizacional.

Ana Luisa de Castro Almeida

Doutora em Administração pela Universidade Federal de Minas Gerais (UFMG) e pela Rotterdam School of Management, da Erasmus University (Holanda). Professora dos programas de Mestrado em Comunicação Social e Administração da Pontifícia Universidade Católica de Minas Gerais (PUC Minas) e da Fundação Dom Cabral. Diretora acadêmica do Reputation Institute-Brasil. Membro do Conselho Editorial da publicação internacional *Corporate Reputation Review*. Consultora de Comunicação Organizacional.

Claudia Mara Bocciardi Massici

Formada em Comunicação Social, com especialização em Publicidade e Propaganda, pela Universidade Metodista, é pós-graduada em Comunicação Empresarial, pela Escola Superior de Propaganda e Marketing (ESPM), e em Gestão de Sustentabilidade, pela Fundação Getulio Vargas (FGV). Sua carreira está voltada às áreas de Comunicação e Marketing, tendo atuado no Itaú, na Folha de S.Paulo e em agências de publicidade e eventos. Trabalha há 18 anos em comunicação e marketing do setor petroquímico, sendo os últimos 11 anos na empresa Braskem. Atualmente responde pela Diretoria de Marketing Institucional da Braskem, na qual é responsável pelo Planejamento de Comunicação Institucional, gestão de Reputação, Branding e Patrocínios e Marketing de Relacionamento.

Eni Puccinelli Orlandi

Professora na Universidade de São Paulo (USP) de 1967 a 1979, professora titular de 1979 a 2002 na Universidade Estadual de Campinas (Unicamp), quando se aposentou. Atualmente, é professora colaboradora do Instituto de Estudos da Linguagem (IEL) da Unicamp, pesquisadora do Laboratório de Estudos Urbanos (Labeurb) da Unicamp e professora titular e coordenadora do Programa de Pós-Graduação em Ciências da Linguagem na Universidade do Vale do Sapucaí (Univás). Pesquisadora na modalidade 1A do Conselho Nacional de Desenvolvimento Científico e Tecnológico (CNPq), tem extensa obra, composta de artigos e livros, publicada no Brasil e no exterior.

Esther Gomes de Oliveira

Docente do departamento de Letras Vernáculas e Clássicas da Universidade Estadual de Londrina (UEL). Doutora em Linguística pela Universidade de São Paulo (USP). Mestre em Língua Portuguesa pela Pontifícia Universidade Católica de São Paulo (PUC-SP). É líder de grupo de pesquisa junto ao CNPq e atua no Programa de Pós-Graduação em Estudos da Linguagem da UEL, orientando dissertações de mestrado e teses de doutorado, principalmente nos temas de semântica, língua oral e argumentação.

Ida Lucia Machado

Professora da disciplina Análise do Discurso do Programa de Pós-Graduação em Estudos Linguísticos da Faculdade de Letras da Universidade Federal de Minas Gerais (Fale/UFMG). Vice-coordenadora do Núcleo de Análise do Discurso (NAD) e do Núcleo de Estudos sobre transgressões, imagens e imaginários também da UFMG. Organizadora da coleção *NAD/Fale/UFMG* de 1998 a 2006. Pesquisadora na modalidade PQ2 do Conselho Nacional de Desenvolvimento Científico e Tecnológico (CNPq). Trabalha com os seguintes temas: narrativas de vida, discursos políticos, discursos literários e discursos midiáticos.

Izidoro Blikstein

Mestre pela Université de Lyon, na França, doutor, livre-docente e titular pela Universidade de São Paulo (USP) nas áreas de Linguística, Semiótica e Comunicação. Professor e orientador de teses no Programa de Pós-Graduação em Linguística na USP. Professor-adjunto de Comunicação Corporativa e Empresarial nos cursos de graduação, pós-graduação e especialização da Fundação Getulio Vargas (FGV) em São Paulo. Consultor de Comunicação Corporativa e professor de Media Training e Técnicas de Comunicação para Apresentações Profissionais. Autor de trabalhos sobre Semiótica e Comunicação em congressos internacionais e nacionais. Autor dos livros: *Kaspar Hauser ou a fabricação da realidade*, *Técnicas de comunicação escrita* e *Como falar em público: técnicas de comunicação para apresentações*.

James R. Taylor

Professor emérito e fundador do departamento de Comunicação da Université de Montréal, no Canadá. Ph.D. em Comunicação pela University of Pennsylvania, nos Estados Unidos. Autor de diversos livros, sua obra foi premiada pela International Communication Association (ICA) e National Communication Association (NCA), ambas nos Estados Unidos. Seus trabalhos foram publicados em periódicos, tais como: *Academy of Management Review*, *Organization*, *Management Communication Quarterly*, *Communication Theory*, entre outros.

Luiz Carlos Assis Iasbeck

Concluiu pós-doutorado em Comunicação e Cultura pela Universidade Católica Portuguesa de Lisboa. Doutor em Comunicação e Semiótica pela Pontifícia Universidade Católica de São Paulo (PUC-SP). Professor e pesquisador em Comunicação Organizacional no curso de mestrado em Comunicação da Universidade Católica de Brasília (UCB). É também professor e consultor de Comunicação em Empresas Públicas e Privadas pelo Instituto Nacional de Capacitação (INC), além de coordenar um grupo de pesquisa em Metodologia Semiótica de Pesquisa em Comunicação Organizacional pelo Conselho Nacional de Desenvolvimento Científico e Tecnológico (CNPq).

María del Pilar Tobar Acosta

Doutoranda pelo Programa de Pós-Graduação em Linguística da Universidade de Brasília (UnB), na área de Linguagem e Sociedade. Membro do Núcleo de Estudos de Linguagem e Sociedade, do Centro de Estudos Avançados Multidisciplinares da UnB. Membro do projeto integrado Publicações em Língua Portuguesa sobre População em Situação de Rua: análise de discurso crítica, coordenado pela doutora Viviane de Melo Resende. Vinculada ao grupo de pesquisa Mobilização, Direitos e Cidadania: ação, representação e identificação no discurso (DGP) pelo Conselho Nacional de Desenvolvimento Científico e Tecnológico (CNPq).

Maria José Guerra

Concluiu pós-doutorado em Ciências da Comunicação pela Escola de Comunicações e Artes da Universidade de São Paulo (ECA-USP). Professora-doutora em Linguística e Linguística Aplicada. Professora e pesquisadora do departamento de Letras Vernáculas e Clássicas da Universidade Estadual de Londrina (UEL).

Maria Virgínia Borges Amaral

Graduada em Serviço Social, mestre e doutora em Letras e Linguística. Atualmente é professora associada da Universidade Federal de Alagoas (Ufal). Ministra aulas nos cursos de graduação e pós-graduação em Serviço Social e em Letras e Linguística. Pesquisadora na modalidade PQ do Conselho Nacional de Desenvolvimento Científico e Tecnológico (CNPq). Foi coordenadora do Programa de Pós-Graduação em Serviço Social. Atua em pesquisas sobre direitos sociais, responsabilidade social e serviço social no campo do trabalho, produzindo conhecimento nas áreas de serviço social e análise do discurso. É autora dos livros *Discurso e relações de trabalho* e *O avesso do discurso*. Organizou coletâneas de artigos e escreveu vários trabalhos publicados em periódicos e anais de congressos, desenvolvendo principalmente os seguintes temas: análise do discurso, cidadania, ideologia, história, direitos sociais e qualidade de vida.

Miguel L. Contani

Mestre em Educação pela Universidade Federal do Paraná (UFPR). Doutor em Comunicação e Semiótica pela Pontifícia Universidade Católica de São Paulo (PUC-SP). Docente da Universidade Estadual de Londrina (UEL), no Paraná, nas disciplinas de Teoria da Comunicação, Estética da Comunicação e Semiótica. Tem experiência em comunicação organizacional. Na UEL, atua também na docência do curso de mestrado em Comunicação e é membro da comissão de pesquisa do departamento de Comunicação e do Centro de Estudos de Educação, Comunicação e Artes.

Viviane de Melo Resende

Professora adjunta do departamento de Linguística, Português e Línguas Clássicas e pesquisadora do Programa de Pós-Graduação em Linguística da Universidade de Brasília (PPGL/UnB), na área de Linguagem e Sociedade, e do Programa de Pós-Graduação em Desenvolvimento, Sociedade e Cooperação Internacional, na linha de Desenvolvimento e Políticas Públicas. É coordenadora do Núcleo de Estudos de Linguagem e Sociedade da UnB (www.nelis.unb.br). Publicou os livros *Análise de discurso (para a) crítica: o texto como material de pesquisa* (em coautoria com Viviane Ramalho), *Análise de discurso crítica e realismo crítico: implicações interdisciplinares* e *Análise de discurso crítica* (também em coautoria com Viviane Ramalho). Seus interesses de pesquisa envolvem a pesquisa etnográfica, a análise de discurso da mídia e o jornalismo cidadão – em relação a contextos de extrema pobreza e de mobilização da sociedade.

Apresentação da coleção

Para absorver a multiplicidade e a divergência das faces da cultura e da comunicação, torna-se indispensável reexaminar conceitos e conferir-lhes novas leituras. Com esse propósito, foi criado, na Universidade Estadual de Londrina, o Grupo de Estudos Comunicação e Cultura Organizacional (Gefacescom), certificado institucionalmente no Conselho Nacional de Desenvolvimento Científico e Tecnológico (CNPq) e, nesse contexto, indispensável à visão das organizações como expressividade de cultura e comunicação.

Nessa ótica, as organizações se mostram inseridas em um mundo permeado de símbolos, artefatos e criações subjetivas ao qual chamamos de Cultura, sendo a comunicação constitutiva desses espaços realizada mediante processos interativos. Essas abordagens nos levam a compreender como organizações são constituídas, nutridas, reconstruídas e transformadas. Conhecer as implicações dos conceitos comunicação e cultura é concentrar o olhar na perspectiva processual que a cada movimento emerge em um novo contexto, um novo sentido, que se ressignifica, se institui e reinstitui nas interações, ajudando a entender os contextos, as decisões, os múltiplos ambientes e as potencialidades vivenciadas nas organizações.

A discussão da cultura na sociedade foi revelada em 1871 por Edward B. Tylor. Já no contexto organizacional, a expressão "cultura de empresa" surgiu na década de 1950 com Elliott Jaques (1951). Na década de 1980, Linda Smircich (1983) agrupou em duas as abordagens epistemológicas e metodológicas adotadas por pesquisadores: cultura concebida como variável; e cultura compreendida como metáfora da organização.

A primeira abordagem, com influência do paradigma funcionalista, trata da chamada Cultura Organizacional (CO) como aspecto que a organização tem. A segunda abordagem, com raízes no paradigma interpretativo, lida com a cultura como algo que uma organização é (SMIRCICH, 1983); por isso, trata a Cultura nas Organizações (CNO) (ALVESSON, 1993). Essa última definição é mais abrangente que a primeira, pois pressupõe uma ação do indivíduo no processo, sugerindo, assim, falar-se de **CulturaS**[1] nos ambientes organizacionais em razão da multiplicidade de pessoas que, ao interagirem, fomentam diferentes formas de ser, fazendo emergir diversidades e diferenças, e não uma visão única de cultura. Assim, abordagens no campo interpretativo, crítico e pós-moderno[2] vão além da visão de cultura como variável (paradigma funcionalista) e suscitam reflexões e instigam o desenvolvimento de novas pesquisas teóricas e empíricas nos estudos organizacionais e comunicacionais.

Essas diferentes concepções fazem considerar organizações ambientes dinâmicos, interativos, discursivos, com elementos constituintes (essenciais) e constitutivos (meios e recursos) no processo de criação e de consolidação de realidades. É fundamental admitir que se vivenciam múltiplas culturas. A realidade é maleável, construída pelos indivíduos por meio de dinâmicas, processos, práticas e relacionamentos que se instituem socialmente.

Uma pessoa se revela como ser social em sua relação com outras. Dessa forma, emerge nas organizações um processo contínuo e ininterrupto de construção de culturas. Esses contextos constituídos na interação fazem sentido em determinado ponto e ascendem ao estatuto de processos institucionalizados até que o próximo questionamento dissolva essa cadeia de equilíbrios e produza uma espiralação que coloca a realidade grupal em patamar distinto daquele em que todos se encontravam.

Essa visão contemporânea modifica radicalmente a noção de cultura no contexto organizacional e de relacionamento natural com todas as áreas e os processos de construção coletiva, de onde surgem as inúmeras faces e interfaces que assume.

Ao longo dos dez volumes, ou das dez faces, desta coleção, amplia-se o olhar sobre as possibilidades de produção das interpretações possíveis de cultura, ultrapassando a abordagem de considerá-la uma variável controlada pela organização de acordo com os valores definidos pela alta direção ou pelos fundadores. A coleção desvenda e identifica múltiplas

---

[1] Nota das editoras: grifo da autora para enfatizar o plural, fazendo compreender que não há uma única cultura, mas várias.
[2] Nota da autora: paradigmas tratados no Volume 3 desta coleção.

faces, as quais possibilitam revelar conhecimentos diversificados das realidades organizacionais, com linguagem e conteúdos próprios. A face é uma singularidade, marcadora de identidade(s). Em decorrência de uma abordagem multiparadigmática, as faces podem inter-relacionar-se, possibilitando, pelas proximidades e conexões, diálogos diversificados e análises ainda mais amplas da cultura e da comunicação nas interfaces.

A teoria das faces defendida por Erving Goffman (1967) lembra que as pessoas tendem naturalmente a experimentar uma resposta emocional quando estão em contato com outras. Nesse contexto, o termo face representa "o valor social positivo que uma pessoa reclama para si por meio daquilo que os outros presumem ser a linha por ela tomada durante um contato específico" (GOFFMAN, p. 76). Dentro dessa ótica, a face é um constructo sociointeracional, uma vez que depende do outro. Uma face não se constitui no isolamento. Ela se faz "em" comunicação e no bojo das relações com o outro – trazendo as marcas dessas relações. A comunicação dá origem à dimensão do "quem somos", isto é, uma identidade que se institui e se reinstitui nas conversações – resultado de uma comunicação processual que dá alma aos fragmentos que, no seu interior, interagem.

O significado constituído por um grupo pode não ser o mesmo para outro; ainda assim, as diferenças convivem e interatuam. Então, pode-se dizer que há uma imbricação entre cultura e comunicação; nenhuma se sobrepõe à outra, uma vez que cultura interpenetra comunicação, ao mesmo tempo que comunicação interpenetra cultura.

Essa inter-relação envolve uma variedade de faces que devem ser observadas em conjunto para que sejam compreendidas adequadamente. Esta coleção revela as faces e interfaces que a cultura e a comunicação assumem no mundo das organizações. Com abordagens teóricas e práticas, apresentam-se ao leitor pensamentos contemporâneos, que ajudam a ampliar o conhecimento, e relatos de casos de empresas, que aproximam e integram os campos acadêmico e profissional. O conjunto da obra, na sua complexidade, procura refletir sobre variáveis diferentes de análise, na tentativa de instituir um diálogo entre as faces.

Comunicação em interface com cultura

Alude ao olhar para as organizações como processo, o que implica uma visão da comunicação interativa – construção de sentido entre sujeitos interlocutores. A cultura é um processo que se cria e se recria a cada nova dinâmica social, sujeita à intencionalidade do ato humano. **Casos Vale e Gerdau.**

Estudos organizacionais em interface com cultura

Essa face leva o mundo dos negócios a refletir sobre o valor do homem e suas relações nesse contexto sócio-histórico, não prevalecendo uma visão unificada da cultura, mas múltiplos processos simbólicos. **Caso Odebrecht.**

Perspectivas metateóricas da cultura e da comunicação

Ao compreender cultura e comunicação como constructos, amplia a reflexão metateórica sobre os estudos nesse campo ao considerar as perspectivas epistemológicas funcionalista, interpretativa, crítica e pós-moderna, sem o julgamento de valor de que uma perspectiva seja melhor ou mais adequada que outra. **Caso Matizes Comunicação.**

História e memória

Contempla o processo de formação da cultura como articulação da presença do indivíduo em relação com o outro ao discutir a história oral, aquela que considera os elementos humanos na sua constituição, sendo sua matéria-prima a memória, a identidade e a comunidade. **Caso Votorantim.**

Cultura e interação

O olhar recai sobre processos simbólicos e práticos, assumindo a interação como um aspecto intrínseco às organizações. São processos criados e nutridos pelos sujeitos múltiplos, os quais assumem papéis estratégicos na comunicação e posições enunciativas heterogêneas. **Caso Basf.**

Liderança e comunicação interna

Evidencia uma descentralização nos ambientes organizacionais ao expandir a visão de relacionamentos pela qual líderes e liderados realizam mudanças. Ganha destaque a comunicação interna que privilegia a constituição dos espaços de fala. **Casos Tetra Pak e Natura.**

Linguagem e discurso

A instância discursiva é um elemento da vida social, pois as práticas simbólicas são continuamente constituídas ao colocar a linguagem em funcionamento nas situações de fala que ocorrem no dia a dia das organizações. **Caso Braskem.**

Contexto organizacional midiatizado

Mídia é entendida como o principal agente contemporâneo de circulação e interconexão de fluxos humanos, materiais e imateriais. **Caso Fiat.**

Conhecimento e mudança

O conhecimento se constitui com base na ação dos sujeitos, ou seja, organizações são dependentes do ser no processo de construção do saber. **Casos Embraco e Itaú-Unibanco.**

Sociedade, comunidade e redes

Reacende o valor das discussões, dos intercâmbios e revela organizações como conjunto de elementos humanos e não humanos que englobam atores, redes e processos comunicacionais. **Casos Samarco e Fundação Dom Cabral.**

Ocorre uma abordagem de ímpeto inovador no campo dos estudos organizacionais e da comunicação quando se suscitam debates e reflexões sobre as diversas faces. Para compor o todo, esta coleção reúne acadêmicos, pesquisadores e executivos de comunicação, reconhecidos nacional e internacionalmente, testemunhas de uma nova realidade: a da cultura e da comunicação como temas conexos. Realidade que desafia os leitores a ressignificar.

Marlene Marchiori

Referências

ALVESSON, M. *Cultural perspectives on organizations.* Cambridge: Cambridge University Press, 1993.

GOFFMAN, E. On face-work, an analysis of ritual elements in social interaction. In: GOFFMAN, E. (ed.). *Interaction ritual.* Nova York: Pantheon Books, 1967.

JAQUES, E. *The changing culture of a factory*: a study of authority and participation in an industrial setting. Londres: Tavistock, 1951.

SMIRCICH, L. Concepts of culture and organizational analysis. *Administrative Science Quarterly*, v. 28, n. 3, p. 339-58, set./dez. 1983.

TYLOR, E. B. *Primitive culture*: researches into the development of mythology, philosophy, religion, languages, art and customs. Londres: John Murray, Albemarle Street, 1871.

Apresentação da face

Este volume, ou esta face, *Linguagem e discurso*, distingue as organizações como construções discursivas, determinadas pelos processos interacionais e de linguagem. Aqui, o olhar recai sobre a instância discursiva, na qual a linguagem encontra-se mergulhada nas situações de fala que ocorrem no cotidiano de cada ambiente, em uma incessante construção de práticas simbólicas. Assim, esta face investiga as práticas sociais e ancora-se no fundamento emanado das formas discursivas (FAIRHURST; PUTNAM, 2004; 2010), que tanto se materializam na dinâmica que emerge das pessoas nos processos de interação, como em texto, na medida em que os eventos sociais ocorrem.

As formações discursivas não são unificadas, ordenadas e muito menos congruentes (LAMMERS; BARBOUR, 2006). Comunicação e discurso são construções separadas, mas correlacionadas entre si (PUTNAM, 2008). Segundo Martino (2001), o homem não pode ser compreendido sem seu discurso ser justamente a ação comunicativa que aproxima os indivíduos que se comprometem em processos comuns.

A cultura em tal contexto de linguagem e discurso é diretamente influenciada pela capacidade comunicativa e pelos materiais linguísticos disponibilizados para a produção de sentidos e para relações nas diversas esferas da organização. Essa multiplicidade de elementos linguístico-discursivos contribui para a concretização do significado do ato de dizer.

Ruth Wodak, em seu ensaio, ao refletir sobre Niklas Luhmann, sugere pensar sobre os processos de tomada de decisão como aqueles que influenciam substancialmente o cotidiano das organizações. Esses processos interdependentes e os relacionamentos entre discurso, conhecimento e poder são a base para a construção de realidades.

Eni Puccinelli Orlandi, no Capítulo 1, chama a atenção para se compreender o método da análise de discurso (e não da análise do discurso como método), afirmando a necessidade de uma correlação coerente entre teoria, método, procedimentos analíticos e objeto, que facilite seu entendimento, na medida em que apresenta análise de texto da empresa IBM e de sua logotipia. Enfatiza a formação da análise de discurso como disciplina de entremeio, que se constitui pela exploração das contradições da relação entre a Linguística e as Ciências Sociais, definindo seu objeto, o discurso. Para Orlandi, a passagem da noção de função para funcionamento é que torna o discurso analisável e confere, ao método, sua cientificidade. O processo discursivo, cujas noções nucleares são a paráfrase e o efeito metafórico, é definido na perspectiva materialista, englobando movimento, mudança, condições de produção, materialidade. A noção de leitura sintomática, interpretação ligada à ideologia, sustentada em noções como formação discursiva e memória, fornece a base de sustentação dos procedimentos analíticos. Por esse método, compreendem-se a constituição dos sujeitos e a produção de sentidos, praticando a ligação entre linguagem e ideologia.

María del Pilar Tobar Acosta e **Viviane de Melo Resende** investigam as práticas sociais por meio de sua faceta discursiva, que se materializa em textos como resultado de eventos sociais realizados. Os textos, por sua vez, são o objeto de estudo mínimo da investigação em Análise de Discurso Crítica (ADC), tendo em vista que os discursos somente podem ser mapeados no conjunto textual. A investigação discursiva por meio de textos se viabiliza na consolidação de categorias analíticas associadas a conceitos teóricos que explicam o funcionamento social da linguagem.

Acosta e Resende adotam como exemplo uma pesquisa sobre *street papers,* publicações de mídia alternativa, as quais abordam o tema da situação de rua. Com base em produções discursivas constituídas por e constitutivas dessas práticas, focalizam os contextos organizacionais de que são parte. A leitura do Capítulo 2 nos instiga a vislumbrar a dinâmica das práticas sociais. As situações de vulnerabilidade social são fruto de processos políticos, econômicos e sociais densamente constituídos: diacrônica e sincronicamente, diferentes fatores levam ao enfraquecimento da malha social e conduzem um número cada vez maior de seres humanos a condições indignas. As autoras discutem a Teoria Social do Discurso como versão de ADC, que, adaptada a contextos culturais de resistência, pode ser útil para investigar como respostas a discursos hegemônicos emergem desses contextos. A abordagem recai sobre o potencial discursivo para a promoção de mudanças sociais.

Ida Lucia Machado traz reflexões sobre o ato de linguagem ou o ato de comunicação no discurso descrito à luz de uma metodologia analítico-discursiva, na tentativa de se desvendar o que o motiva e quem o divulga, como, por que e quando. O ato de comunicação depende de duas dimensões indissociáveis: uma explícita (simbolização referencial) e outra implícita (significação). Assim sendo, em um mesmo ato de comunicação várias paráfrases seriais são possíveis: elas são concomitantes na mesma instância da palavra. No entanto, a compreensão desse ato pressupõe também que sejam elucidados certos princípios que organizam seu papel nos diversos discursos sociais das diferentes culturas em que ele é produzido e as circunstâncias que permitiram ou provocaram sua aparição. A abordagem proposta no Capítulo 3 enfatiza os princípios de alteridade, pertinência, regulação e de influência do ato e mostra como tais princípios abrem o campo discursivo para o estudo de teorias argumentativas. É analisado, então, o sujeito pesquisador, o que certamente inspira uma postura crítica no exercício da pesquisa.

Maria José Guerra analisa as relações entre o campo da linguagem e o campo da comunicação organizacional. Traça, de forma panorâmica, no Capítulo 4, como o percurso das ideias linguísticas pode auxiliar a compreensão da cultura e da comunicação organizacional e de que forma é possível estabelecer relações conceituais entre a Teoria da Linguagem e os estudos de Ciências Sociais Aplicadas que embasam a ação de gestores em comunicação e as pesquisas sobre as corporações.

Miguel L. Contani e **Esther Gomes de Oliveira** assinalam, no Capítulo 5, a importância de lembrar que as atividades e tarefas em uma organização nunca começam e terminam em torno de uma única pessoa: interação é um imperativo mais que evidente. Nesse processo está envolvida a capacidade de substituir hábitos e adquirir competência para manejar os recursos comunicacionais e as vastas possibilidades do emprego das linguagens. Contani e Oliveira apresentam reflexões de pesquisa teórica acerca do emprego de operadores argumentativos e de marcadores discursivos, e inferem sobre as condições de produção e funcionalidade das relações organizacionais em que se encontra determinada interação. Como resultado, indicam formas de avaliar, já desde a primeira intencionalidade comunicacional, como se articula a multiplicidade de elementos linguísticos para a concretização do significado global do ato comunicativo. A cultura organizacional, segundo a ótica que adotam, é influenciada pela competência comunicativa e pelos recursos linguístico-pragmáticos disponíveis para a produção de mensagens e interação nos diferentes domínios organizacionais.

Luiz Carlos Assis Iasbeck, no Capítulo 6, compreende cultura como fenômeno comunicante e comunicativo, que se realiza em ambientes interacionais, nos quais a criação, a manutenção e os esforços de perpetuação de vínculos são as manifestações mais patentes da necessidade humana de compartilhar interesses. As relações entre organizações e seus públicos são, assim, pautadas por afinidades e diferenças, administradas pelas práticas cotidianas da troca de interesses e, por conseguinte, da cooperação mútua. As práticas discursivas nesses ambientes tendem a reforçar vínculos e alimentar dependências recíprocas, de modo a garantir a fidelidade e a manutenção dessas relações. A qualidade dos discursos assume, nesse contexto, relevância para o sucesso e de inequívoca responsabilidade para o fracasso das organizações.

Maria Virgínia Borges Amaral considera que a Análise do Discurso se apropria de/e redefine conceitos tidos como de natureza eminentemente linguística − linguagem, língua, discurso, texto, sujeito −, e institui outras noções conceituais necessárias ao processo de análise, como: condições de produção, historicidade, formação ideológica, prática discursiva, formação discursiva. Assim, no Capítulo 7, reflete sobre as práticas discursivas nas relações de trabalho, procurando demonstrar como esse espaço de significação contribui para o estabelecimento de uma rede de formulações discursivas representativa da formação discursiva do mercado. Nessa formação discursiva, imbricam-se diversos discursos, estabelecendo-se um conjunto cerrado de relações múltiplas que institui formas de designação e identificação dos sujeitos no processo sócio-histórico da sociedade capitalista.

Izidoro Blikstein realiza a análise semiótica e a interpretação do quadro de signos e símbolos utilizados para a classificação de prisioneiros pela organização administrativa dos campos de concentração nazistas (como Auschwitz, Dachau etc.). Controlada por um código de figuras e uma combinação de cores (vermelho, verde, amarelo, rosa), esse quadro de classificação de prisioneiros é um autêntico sistema semiótico, cujos signos indicam, de maneira clara e precisa, as características socioculturais e psicológicas dos prisioneiros, tais como origem étnica, ideologia, religião, comportamento e personalidade. Com progresso da investigação semiótica, o autor nos revela, no Capítulo 8, como esse sistema de classificação era tributário de um sistema maior, a saber, a estrutura administrativa dos campos de concentração; tal estrutura, por sua vez, estava inserida em um macrossistema: a organização administrativa do nazismo. Foi assim que a interpretação do quadro de classificação de prisioneiros possibilitou entender como a semiótica do poder e do controle social pôde ser praticada ao extremo pelo sistema nazista. Para Blikstein, compreender o quadro classificatório dos campos de concentração é entender como se instala a semiótica do poder.

James R. Taylor e **Adriana Machado Casali** explicam que há duas maneiras de compreender a linguagem, a primeira como algo instrumental que possibilita as conversações (ou fala, para Ferdinand de Saussure) ou como aquilo que concretiza as conversações ao transformá-las em textos, contudo materializados (ou língua, para Ferdinand de Saussure). Os autores compreendem esta diferença entre perspectivas alternativas como *worldviews*. A comunicação é, portanto, recursiva: a conversação produz textos, mas os textos estruturam as conversações, tanto na forma como eles fornecem sua arquitetura, como nos padrões conversacionais que têm de ser aprendidos, para pôr a linguagem em funcionamento nas situações de fala cotidianas. O Capítulo 9 considera, então, as implicações da noção de *worldview* para a pesquisa organizacional. Alternativamente, uma organização pode ser concebida enquanto algo construído **nas** e **pelas** conversações de membros, ou, como algo que estrutura e determina os padrões dessas conversações. A pesquisa organizacional pode, portanto, basear-se na observação das conversações (com ênfase nas dinâmicas e motivações interpessoais), ou na estruturação dos padrões sociais, nos textos que se tornam registros destes padrões (com ênfase na perpetuação das formas organizacionais ao longo do tempo, as quais se tornam visíveis nos relatos dos membros de uma organização sobre sua experiência vivida).

    Claudia Mara Bocciardi Massici e **Ana Luisa de Castro Almeida** discutem no estudo de caso da Braskem a experiência e os significados de seu selo *I'm green™*. Ao desenvolver um produto que atendesse às necessidades cada vez mais urgentes de preservação ambiental e atuação sustentável, a empresa tornou-se, desde 2007, referência na produção do chamado "plástico verde" – polietileno produzido de fontes renováveis. Para além de um produto, o selo *I'm green™* traduz uma relação muito forte entre a cultura, o discurso e a interação da Braskem com seus públicos de relacionamento. Tendo em vista a função social da linguagem e seu papel fundamental na construção da realidade, o discurso da empresa revela a busca por um posicionamento que a permita ser reconhecida cada vez mais como um agente transformador no meio em que atua. Um dos principais desafios decorrentes desse discurso é lidar com as contradições de trabalhar com o conceito do plástico verde em uma empresa do setor petroquímico cuja base predominante é o petróleo. Associada a isso se encontra a necessidade de usar/criar símbolos e linguagens capazes de exprimir, explícita e implicitamente, a intencionalidade transformadora do conceito dentro de uma abordagem ampla sobre o compromisso com o desenvolvimento sustentável.

    Ao final, apresenta-se um **roteiro para análise da face**, que pode inspirar pesquisas nesse campo, aproximando as faces e as interfaces entre linguagem, discurso e comunicação.

Marlene Marchiori

Referências

FAIRHURST, G., PUTNAM, L. Organization as discursive constructions. *Communication Theory,* v. 14, p. 5-26, 2004.

FAIRHURST, G., PUTNAM, L. As organizações como construções discursivas. In: MARCHIORI, M. (org.). *Comunicação e organização*: reflexões, processos e práticas. São Caetano do Sul, SP: Difusão Editora, 2010.

LAMMERS, J. C.; BARBOUR, J. B. An Institutional Theory of Organizational Communication. *Communication Theory*, v. 16, n. 3, p. 356-77, 2006.

MARTINO, L. De qual comunicação estamos falando. In: HOHLFEDT, A.; MARTINO, L.; FRANÇA, V. *Teorias da comunicação*: conceitos, escolas e tendências. Petrópolis: Vozes, 2001. p. 11-25.

PUTNAM, L. L. Images of the communication: discourse relationship. *Discourse and Communication Journal*, v. 2, n. 3, p. 339-45, 2008.

Analisando texto e fala organizacionais com o foco na inter-relação entre conhecimento e poder

> O "fazer" da análise de discurso requer que estejamos atentos aos aspectos dos espaços circunscritos e dos múltiplos locais– cenários nos quais o discurso é conduzido (...) Esse processo envolve um primeiro esboço robusto do texto e do contexto onde o discurso focal está, desacoplado e investigado de forma independente dos arredores físicos e do contexto social mais amplo onde ele ocorre (...) Esses contextos (isto é, os outros espaços) não são simplesmente um pano de fundo para o texto; na verdade, estão embutidos nele: o texto na verdade forma parte do contexto e vice-versa (KEENOY; OSWICK, 2003, p. 139-40).

O sociólogo Niklas Luhmann caracteriza as organizações primariamente quanto a suas decisões e processos de tomada de decisão, e alega que esses processos de decisão determinam a vida cotidiana das organizações. As organizações, diz ele, são constantemente reproduzidas por meio de decisões: "As organizações produzem opções de decisão que, de outra forma, não existiriam; umas decisões servem como contexto para outras decisões" (LUHMANN, 1997, p. 830). Por exemplo, a União Europeia é um sistema muito diferenciado com uma estrutura extremamente complexa. Luhmann (1997, p. 839), refletindo sobre organizações desse tipo, conclui: "com o aumento da complexidade da tomada de decisões sobre decisões que, por sua vez, são também tomadas sobre decisões, a *autopoiesis* cria estruturas conformadoras e desenvolve uma crescente tendência em direção à decisão de não decidir". Isso pode inicialmente soar confuso, mas significa que decisões são postergadas, delegadas ou desviadas, pela organização, para outras entidades. As organizações podem até escolher não tomar nenhuma decisão, e isso também é uma decisão. Tais processos ocorrem em várias reuniões; o sentimento de que mais uma vez "nada foi alcançado" simplesmente significa que houve uma decisão de não decidir nada de maneira definitiva e postergar a decisão (MUNTIGL; WEISS; WODAK, 2000; SARANGI; ROBERTS, 1999; WODAK, 1996; 2013a; 2013b).

As decisões são tomadas em vários pontos de uma organização; em reuniões, nos corredores, durante uma conversa telefônica ou em ocasiões sociais e informais; portanto, abertamente – *front stage* – ou nos bastidores – *backstage* –, ou na transição de *front stage* para *backstage* (ou vice-versa) (GOFFMAN, 1959).[1] Consequentemente, é difícil reconstruir incidentes individuais. Com frequência, as organizações também tendem a encenar seus processos de decisão oralmente, em reuniões, em analogia às novelas, e também por meio de seus protocolos, diretivas e outros gêneros burocráticos escritos (WODAK, 2011, p. 7-49).

Pelo menos para alguém de dentro da organização, essas cenas são compreensíveis: são hierarquicamente estruturadas, na medida em que ninguém tem acesso ilimitado a tudo. Status e poder são, então, produzidos e reproduzidos. As reuniões são, usualmente, os locais onde as decisões são tomadas e onde os conflitos se desenvolvem e são resolvidos por meio de decisões tomadas de maneira mais ou menos democrática (por debates, votação, maiorias ou pelas decisões dos poderosos).

Uma dimensão importante que alicerça o *enactment*[2] da discussão estratégica (CLARKE; KWON; WODAK, 2012; KWON; CLARKE; WODAK, 2009; 2013; WODAK; CLARKE; KWON, 2011) é a negociação contínua de poder nas organizações por meio das reuniões. De acordo com Mumby (1988, p. 68), as reuniões "funcionam como um dos locais mais importantes e visíveis tanto do poder organizacional quanto da reificação da hierarquia organizacional". O poder não pode ser definido como uma entidade distinta, separada na medida em que é um processo relacional (FAUBION, 2000)

---

[1] Nota da revisora da tradução: em 1950, Goffman introduziu, na sociologia, o uso dos termos *front stage* e *backstage*, originalmente oriundos da área teatral, querendo dizer que os agentes sociais, como os atores, desempenham papéis na vida social. Essa performance pode se dar no centro da ação – *front stage* – ou nos bastidores – *backstage*.

[2] Nota da revisora da tradução: *enactment* comumente não é traduzido na literatura da área de organizações porque, em geral, é usado mesclando seus significados de "encenação de histórias" e de "repetição de cenas já representadas anteriormente".

inerentemente vinculado às práticas comunicativas. Seguindo Holzscheiter (2005), eu diria que vejo o **poder no discurso** como "o esforço dos atores com diferentes interpretações do significado" (2005, p. 69). Esse esforço por uma "**hegemonia semiótica**" está relacionado com a seleção de "códigos linguísticos específicos, regras para interação, regras para acesso ao fórum de produção de sentido, regras para tomada de decisão, o falar em turnos, a abertura de sessões, o fazer contribuições e intervenções" (ibid., p. 69). **O poder sobre o discurso** é definido como o "acesso ao *front stage*" (ou seja, ao cenário principal) no macro e microcontextos (ibid., p. 57); ou seja, aos processos de inclusão e exclusão. Finalmente, o **poder do discurso** está associado "à influência do crescimento histórico das macroestruturas de sentido, das convenções do jogo de linguagem no qual os atores se encontram" (ibid., p. 57). A influência individual dos atores pode contribuir para a mudança dessas macroestruturas (WODAK, 2011, p. 34-36). Obviamente, as disputas de poder nem sempre estão relacionadas com o comportamento observável.

O poder está ligado ao **conhecimento**. "Conhecimento", na visão de Jäger e Maier (2009, p. 37), refere-se a "todos os tipos de conteúdos que fazem parte da consciência humana ou, em outras palavras, todos os tipos de significados que as pessoas usam para interpretar e moldar seu ambiente". As pessoas derivam esse conhecimento dos arredores discursivos onde nascem e onde se inserem ao longo de sua vida. Um tema consistente em todo o trabalho de Foucault é a ideia de que sistemas de crença ganham impulso e, portanto, força, por meio de sua normalização, conforme se tornam "conhecimento comum", e que certos pensamentos ou atos contraditórios podem se tornar "anormais" ou "impossíveis". Porque essa forma de poder atua de modo dissimulado por intermédio dos indivíduos e sem local específico de ocorrência, a resistência a esse poder, na verdade, serve para defini-lo, o que somente é possível por meio do conhecimento (FOUCAULT, 1995). "A organização do conhecimento", portanto, envolve várias dimensões diferentes de conhecimento de grupos ou atores sociais individuais, os quais são informados pelos modelos adquiridos e internalizados de eventos, de contexto e de experiência, sendo assim, parte da socialização, transformados em um *habitus*[3] profissional das várias comunidades de prática às quais as pessoas pertencem (WODAK, 2011, p. 45-49).

Em primeiro lugar, podemos distinguir o conhecimento compartilhado sobre eventos e debates, regras e rotinas precedentes, daqueles sobre as posições e opiniões de gestores ou políticos, partidos políticos ou empre-

---

[3] Nota da revisora da tradução: o termo *habitus*, quando utilizado sem tradução na literatura de organizações, geralmente baseia-se na noção desenvolvida por Bourdieu de um sistema de estruturas estruturantes.

sas específicas. Além disso, a experiência e a socialização na profissão são indicadas por rápidas referências ao tempo e espaço (onde eventos ocorrem ou ocorreram e nos quais documentos com tópicos importantes são elaborados). É possível caracterizar essa forma de conhecimento como um **conhecimento organizacional** que pode ser manifesto ou tácito. Em segundo lugar, é necessário ter o conhecimento da agenda específica para conseguir participar ativamente dos debates atuais, bem como para impor uma agenda ideológica em reuniões específicas. Aqui, o conhecimento das expectativas, além de conhecimento especializado em vários domínios, ganha destaque. Muitos discursos, insinuações e interferências não podem ser compreendidos sem compartilhamento dos pressupostos e substancial conhecimento dessas áreas. Essa dimensão, portanto, pode ser definida como **expertise**.

Finalmente, o trabalho político-organizacional intensivo nos chamados bastidores das organizações (WODAK, 2011) é necessário e ocorre continuamente, e mais ou menos explicitamente: convencendo e persuadindo outros de sua opinião, fazendo *lobby*, debatendo, discutindo, argumentando, brigando para vencer em moções, formando alianças, aconselhando (e persuadindo) quem está de fora com suas ideias e preparando e influenciando a tomada de decisões. Esse conhecimento pode ser rotulado de **conhecimento político** (ou *know-how*) e pressupõe o conhecimento de táticas e estratégicas, de ideologias e posições, dos pontos fortes e fracos de colegas; em suma, é necessário conhecer as "regras do jogo". Consequentemente, seguindo o resumo de Jäger e Maier (2009, p. 39) dos processos e relacionamentos interdependentes entre discurso, conhecimento e poder, eu suponho que:

[d]iscursos exercem poder porque transportam conhecimentos nos quais a consciência coletiva e individual se alimenta. Esse conhecimento é a base para ação individual e coletiva, discursiva e não discursiva que, por sua vez, molda a realidade.

Além disso, o contraste entre ***front stage*** e ***backstage*** também caracteriza todas as organizações, embora de formas distintas e com diferentes implicações, dependendo da respectiva profissão: médicos internalizam um *habitus* diferente de professores. Não obstante, a distinta transição entre *front stage* e *backstage*, bem como a proeminência das alianças formadas nos espaços de transição (corredores, por exemplo), parece ubíqua (rotulada como política *de couloir* no campo da política). As trajetórias de carreira e relações de poder também diferem entre profissões e organizações.

Entretanto, **todas as organizações são caracterizadas por relações de poder estruturais e disputas de poder**. O mais importante, eu argumento, é que a expertise, as pressuposições e as personalidades individuais estão inerentemente vinculadas a tais disputas de poder e, consequentemente, à inclusão e exclusão em vários níveis da vida organizacional.

Essas suposições são ainda apoiadas por Gioia (1986, p. 50-65), que alegam serem os símbolos e *scripts* usados nas organizações para "dar sentido". Sem empregar meios linguísticos, o mencionado autor fornece, sem sombra de dúvidas, ampla ilustração de como os símbolos organizacionais (como logomarcas, novas instalações ou novos termos) e scripts cognitivos (estruturas cognitivas que viabilizam uma compreensão automática das situações; VAN DIJK, 2008) facilitam a produção de sentido e a compreensão em organizações complexas:

> A principal implicação da perspectiva de produção de sentido nas organizações é que os membros da organização tanto criam quanto sustentam sua própria realidade particular. [...] A essência dessa posição é que as pessoas respondem somente às coisas que possuem significado para elas (ibid., p. 67).

É claro que essa "virada linguística" nos estudos organizacionais é relevante à análise mostrada ao longo das mais interessantes e inovadoras pesquisas apresentadas neste volume.

Os estudos coletados neste livro contêm os ingredientes metodológicos necessários para examinar a interseção entre macro e microcontextos e estratégias discursivas que separarão as explicações ecologicamente válidas dos efeitos de poder. Todavia, é o contexto das comunidades de prática, de diálogos e reuniões, que necessita de maior atenção. Além disso, os contextos locais, regionais, nacionais, transnacionais e globais, além dos contextos culturais, históricos e sociopolíticos, têm muita influência nas respectivas normas e regras das organizações – podemos, assim, frequentemente observar as tendências "**glocais**", isto é, organizações que acomodaram os objetivos e discursos globais e locais (WODAK; FAIRCLOUGH, 2010). Consequentemente, a investigação precisa dos contextos multiníveis permanece no cerne da pesquisa organizacional.

Ruth Wodak
Professora e presidente em Estudos do
Discurso na Lancaster University

Referências

CLARKE, I.; KWON, W.; WODAK, R. A context-sensitive approach to analysing talk in strategy meetings. *British Journal of Management*, 2012.

FAUBION, J. (ed.). *Michel Foucault – Power*: essential works of Foucault. Nova York: The New Press, 2000.

FOUCAULT, M. *Discipline and punish*. Nova York: Random House, 1995 [1974].

GIOIA, D. A. 'Symbols, Scripts, and Sensemaking'. In: SIMS, H.P.; GIOIA, D. A. (eds.). *The Thinking Organisation*. São Francisco: Jossey--Bass Publishers,1986. p. 49-74.

GIOIA, D. A.; CHITTIPEDDI, K. Sensemaking and sensegiving in strategic change initiation. *Strategic Management Journal*, n. 12, p. 433-48, 1991.

GOFFMAN, E. *The presentation of self in everyday life*. Londres: Penguin, 1959.

HOLZSCHEITER, A. *Power of discourse and power in discourse. An investigation of transformation and exclusion in the global discourse of childhood*. Tese (PhD) não publicada, FU Berlim, 2005.

JÄGER, S.; MAIER, F. Theoretical and methodological aspects of Foucauldian Critical Discourse Analysis and dispositive analysis. In: WODAK, R.; MEYER, M. (eds.). *Methods of CDA, 2nd revised edition*. Londres: Sage, 2009.

KEENOY, T.; OSWICK, C. Organizing textscapes. *Organization Studies*, n. 25, p. 135-42, 2003.

KWON, W.; CLARKE, I.; WODAK, R. Negotiating consensus: co-constructing the salience, urgency and feasibility of strategic issues. *Journal of Management Studies*, 2013.

_____; _____; _____. Organizational decision-making, discourse, and power: integrating across contexts and scales. *Discourse & Communication*, n. 3, 2009.

LUHMANN, N. *Soziale Systeme*. Frankfurt: Suhrkamp, 1997.

MUMBY, D.*Communication and power in organizations*: discourse, ideology and domination. Norwood, NJ: Ablex, 1988.

MUNTIGL, P.; WEISS, G.; WODAK, R. *European Union discourses on un/employment*: an interdisciplinary approach to employment policy--making and organizational change. Amsterdã: Benjamins, 2000.

SARANGI, S.; ROBERTS, C. (eds.).*Talk, work and institutional order*: discourse in medical, meditation and management settings. Berlim: de Gruyter, 1999.

VAN DIJK, T. *Discourse and context*: a sociocognitive approach. Cambridge: Cambridge University Press, 2008.

WODAK, R. *Disorders of discourse*. Londres: Longman, 1996.

_____. *The discourse of politics in action*: "politics as usual". Basingstoke: Palgrave, 2011 [2009].

_____. Analyzing meetings in political and business contexts: different genres, similar strategies. In: CAP, P.; OKULSKA, O. (eds.). *Analyzing genres in political communication*. Amsterdã: John Benjamins, 2013a. p. 187-221. (DAPSAC Series)

_____. Analyzing interaction in meetings: perspectives from critical discourse analysis. In: VAARO, E. et al. (eds.). *Organisations and process theory*, CUP, 2013b. (no prelo).

_____; CLARKE, I.; KWON, W. Getting people on board: discursive leadership for consensus building in team meetings. *Discourse & Society*, n. 22, 2011.

_____; FAIRCLOUGH, N.. Recontextualising the Bologna declaration: the Austrian and Romanian case. *Critical Discourse Studies*, 2010.

O MÉTODO EM ANÁLISE DE DISCURSO: UMA PRÁTICA DE REFLEXÃO

Eni Puccinelli Orlandi

> O mestre é pedagogo, e a sociedade é uma vasta empresa de reeducação. Ela produz um tipo de homem novo: **o homem desenraizado**. A prisão do olhar quebra as solidariedades tradicionais, distende ou rompe os laços do sangue ou da amizade, impede qualquer cumplicidade. Os homens idênticos uns aos outros são estranhos uns aos outros. Eles deverão também ser expropriados deles mesmos: a evocação de um passado, de um lugar e de um tempo outro, a lembrança de uma infância são apagados e continuamente reescritos por eles. O homem desenraizado é amnésico, a memória lhe é proibida. Ele é apenas a fina superfície de um signo oferecido ao olhar, condenado à impassibilidade, despossuído de qualquer interioridade (COURTINE, J.-J., 2012).

Como tenho afirmado, quando falo do método da análise de discurso,[1] é preciso haver uma relação de consistência entre qualquer teoria, seu

---

[1] Falo no método da análise de discurso. E não da análise de discurso como método. Há os que, ignorando que a análise de discurso é uma ciência com seu método, a pensam apenas como metodologia de pesquisa, auxiliar na análise de "dados". A análise de discurso se constitui com seu método e seu objeto próprio, justamente para questionar esta mesma noção de "dados" como objetos de pesquisa de muitas ciências que desconhecem o que é linguagem e a veem somente como um instrumento transparente, e têm na análise de discurso um instrumento complementar na pesquisa de "dados", e não uma ciência, como de fato é, que tem sua concepção de linguagem e um método para trabalhar com ela. Contrária, pois, a uma ideologia pragmática e instrumental.

método, seus procedimentos analíticos e seu objeto. É esta consistência que exporei nesta reflexão, o propósito da análise de discurso e seu método. E, para fazê-lo, como a análise de discurso é, antes de tudo, análise, farei, no percurso desta reflexão, uma breve análise do texto que reproduzo a seguir, o qual caracteriza a empresa IBM e foi publicado na *Revista de Administração de Empresas (RAE)*,[2] v. 33, n. 3, p. 88-90, em 1993.

Características da IBM:

A *cultura* da IBM é fundamentada em três *credos* básicos criados por Thomas Watson, o fundador. Eles *estão presentes em toda a organização em placas estrategicamente dispostas em todas as salas, em muitas publicações internas* e sempre se faz referência aos mesmos *para embasar* a maioria das decisões e atividades organizacionais, uma vez que eles constituem *a própria identidade da empresa.*

O primeiro credo, **"Respeito ao Indivíduo"**, oficialmente norteia a *política de recursos humanos da organização.* A empresa possui *mecanismos de comunicação interna* que se fundamentam no mesmo.

Um destes mecanismos, denominado de "Política de Portas Abertas", permite ao funcionário que se sente injustiçado por seus superiores imediatos levar suas questões diretamente à gerência superior, que as apreciará novamente de uma forma imparcial. A esta *política interna*, os funcionários chamam de *"escalar".* O Programa "Fale Francamente" ou *Seak Up* permite ao funcionário que tem uma queixa ou uma dúvida a solucionar relatá-la de forma anônima, tendo suas questões respondidas pelas autoridades administrativas encarregadas. A empresa possui assim uma *"justiça interna" para resolução de conflitos, os quais absorve a fim de manter o sistema coeso.* O segundo credo da empresa, **"Prestar o Melhor Serviço ao Cliente"**, e, o terceiro, a **"Busca da Excelência"**, ou seja, a busca de uma forma superior de realizar o trabalho, fundamenta a *gestão estratégica da qualidade* a ser realizada através da implementação do Market Driven Quality, sua *política de qualidade.*

Os credos IBM são constitutivos de sua identidade e não mudaram desde sua criação, estando assimilados profundamente na organização. *Sendo genéricos, podem ser constantemente interpretados para fundamentarem as novas políticas de gestão adotadas pela empresa, em uma nova criação de significados que coaduna com o novo paradigma a ser adotado.* São plenamente compatíveis com as propostas de implementação do Market Driven Quality, ou seja, a implemen-

---

[2] A *RAE* é uma publicação da Fundação Getulio Vargas – Escola de Administração de Empresas de São Paulo (FGV-Eaesp), lançada em maio de 1961.

tação da gerência de qualidade anteriormente definida, tendo como base não só a satisfação dos desejos do cliente, mas seu "encantamento" através da criação de produtos que contribuam para o seu sucesso. A *gestão de recursos humanos participativa* é justificada pelo credo "Respeito ao Indivíduo".

A criação da "Nova IBM" é assim legitimada pelos mesmos princípios que mantinham o antigo modelo organizacional proposto, princípios estes, no entanto, *reinterpretados na criação de um novo paradigma, que pretende ser uma resposta organizacional às dificuldades do ambiente*, para fugir à "morte", reproduzindo as palavras dos próprios estrategistas internos, em uma *visão sistêmica*.

A "Nova IBM", na realidade, é uma evolução de um modelo de organização "mecanicista" para um orgânico, na terminologia de Burns e Stalker (grifos nossos).

Em uma primeira observação analítica, apreendemos o deslizamento, pelo efeito metafórico, da formulação "reorganização da divisão social da leitura", feita por M. Pêcheux, em seu "Ler o Arquivo Hoje" (1994), pensada como uma mexida nas relações do sujeito com os sentidos; deslizamento, pois, para o que eu formularia como a "reorganização do trabalho na empresa", que significa a relação de forças do mercado na indústria capitalista. O **mecanicismo** e o **orgânico**, que aparecem no texto em destaque, não são opções de sistemas de pensamento, mas de um "programa", um modelo de "organização empresarial". O deslizamento apontado anteriormente, o uso das palavras organicismo e orgânico, como índices de programa, de organização empresarial, são indícios de uma **formação discursiva** específica que nomearemos mais adiante.

Assim, é nesse **processo discursivo** dos que tratam da organização do trabalho e do controle social[3] diretamente que os sentidos se constituem, se formulam e circulam, quando entramos no discurso eletrônico e em sua **memória** (discursiva).[4] Sem parar. Insistentemente, em um circuito, no processo de significação que se movimenta o tempo todo em todos os lugares. Produzindo seus efeitos, sejam quais forem. E é desse modo que afetam os sujeitos aqui ou ali, por estas ou aquelas condições, nos gestos de interpretação, em sua materialidade, constituindo práticas simbólicas em face da inscrição da língua na história para significar. Assim, sujeitos e sentidos se significam.

---

[3] Não devemos esquecer que um discurso tem seus efeitos em muitos campos simbólicos: me refiro aqui ao dos teóricos, dos cientistas e dos filósofos da ciência, com repercussões também no senso comum e no imaginário social.

[4] A memória discursiva (ORLANDI, 2011) que já vem significada: a ideologia, como temos dito, pela qual somos sempre já ditos por um saber que fala por conta própria (memória).

Há ainda alguns pontos de observação no texto da citação (que estão em itálico) e que merecem nossa análise.

Inicialmente, e como acontece com frequência nos discursos atuais, evita-se a palavra ideologia e esta é substituída por "cultura". Os efeitos de sentidos são totalmente diversos: ideologia liga-se ao político, às posições dos sujeitos em sociedade e ao imaginário que rege as relações entre sujeitos, e entre o sujeito e suas condições materiais de existência. Por sua vez, a palavra cultura aponta para: hábitos, saberes compartilhados, tradição, cotidiano comum. Isso nos leva a dizer que a formação discursiva aí presente é a humanística, a do neoliberalismo.

Em seguida, e nesta mesma direção de sentidos se fala em "credos" e não normas, regras ou mesmo princípios reguladores. E em "credos" têm-se a força religiosa de ditames a seguir, infalíveis. À modernidade da formação discursiva neoliberal junta-se um lembrete religioso. Os credos são formulações de comando. Fundamental (ou fundamentalista...). Eles servem, como está dito, para "embasar" as decisões e atividades organizacionais. Na realidade, "embasar" está por definir, dar forma, estabelecer, instituir para todos. Tanto mais fortes e mais comprometedores como fala de chefia: a palavra do chefe é um credo. Não há lugar para não aceitar, ao mesmo tempo em que se abranda, se apaga, o efeito de sentido de mando. Os "credos" só servem para embasar, isto é, dar as bases a algo que aparece, assim, como já instituído. Ou seja, o efeito é de "segurança" na empresa, integração. Ela tem solidez instituída. E os "credos" não são apenas crenças, são "a própria identidade da empresa". Portanto, ao se significar por estes credos, está-se na verdade estabelecendo uma relação de identidade com a empresa: a empresa e o sujeito estão assim identificados pelos credos. Que são três: (1) respeito ao indivíduo; (2) prestação do melhor serviço ao cliente; e (3) busca da excelência.

Estes credos são a política interna da empresa mobilizando **mecanismos de comunicação** em que se procura preservar a segurança individual, de cada empregado diante de seu empregador, ao mesmo tempo em que se garantem a coesão interna e a coesão do sistema (isto é, eliminação de conflitos). A política da qualidade também tem seu lugar, compondo o quadro ideológico: busca da excelência, prestando o melhor serviço ao cliente. Tudo se conjuga na mira de um alvo: o mercado.

A mobilização de um mecanismo (observe-se que não está dito "forma", mas "mecanismo") de comunicação interna, em relação à empresa e aos recursos humanos, dá à sua gestão a forma participativa, que se resume no **respeito ao indivíduo**. Como são "genéricos" (não se disse "gerais"), no desenvolvimento da empresa, são aproveitados os mesmos credos, reinterpretados, quando a empresa se reorganiza, criando novos paradigmas de organização do trabalho (passagem do modelo mecanicista para o modelo orgânico de organização, por exemplo). Os "genéricos" em referência aos credos significam justamente a identidade da empresa: genéricos são os credos que permanecem, garantindo que, na mudança, não se modifique sua "cultura" (para nós, ideologia), que "embasa" as decisões.

Esse é o **processo discursivo** que observamos posto em funcionamento pelos que tratam da organização do trabalho e das relações e controle social, internos ao sistema da IBM. Nesse processo, como dissemos, podemos discernir uma formação discursiva, a neoliberal, empresarial, administrada por normas (credos) de controle e de mercado muito claras, quando se pensa a conjuntura sociopolítica capitalista.

Vejamos, agora, o que podemos compreender, analisando a descrição dos logotipos da IBM. Nada mais próprio, aliás, para começar uma análise e expor o funcionamento de ideologia que aí se pratica:

Logotipos[5]

O logotipo usado entre 1924 e 1946 traz as palavras "Business" e "Machines" em um formato que sugere um globo, cercado pela palavra "Internacional".

Entre 1947 e 1956, após 22 anos, o "globo" foi substituído pela simples sigla "IBM" com um tipo de letra chamada Beton Bold.

No logotipo usado entre 1956 e 1972, a sigla IBM assumiu uma aparência mais sólida e balanceada utilizando o tipo de letra City Medium.

Em 1972, a empresa lançou uma nova versão do logotipo. A aparência sólida deu lugar a "velocidade e dinamismo" representadas por oito listras horizontais, que transformaram a marca em uma das mais reconhecidas do mundo.

Vejamos o que dizer em uma breve análise. Observando a relação entre o primeiro e o segundo logotipo: no primeiro, início da industrialização, as letras carregam uma imagem pesada, de marca em ferro forjado. No segundo, desaparece o globo evocado pela disposição das letras e a palavra "internacional" é apagada, silenciada. Muito adequado, na medida em que, após a Segunda Guerra Mundial, a internacionalidade não tinha um sentido muito "atraente" e não convocava o sentido de mercado como

---

[5] IBM. Logotipos. Disponível em: <http://www-03.ibm.com/ibm/history/exhibits/logo/logo_5.html>. Acesso em: 10 fev. 2013.

hoje, mas de subjugação dos vencidos pelos que ganharam a guerra, com vantagens. E, do segundo para o terceiro logotipo, o que muda está na própria forma da letra: letras que aludem, por sua forma presente, à marca real do sucesso da industrialização. A forma das letras, que propõe uma legibilidade de primeiro plano, sem ornamentos ou digressões, evoca o industrial, empresarial, clara e diretamente. E o quarto logotipo traz os sentidos da conjuntura do terceiro período do século 20, anunciando o movimento em torno das tecnologias: transparência, agilidade, leveza, dinamismo, velocidade, globalização. O tempo da urgência, da onipresença. E da chamada "língua de vento", a da propaganda.

Temos aí, inegavelmente, um processo de significação em suas derivas, do par **empresa-administração**, declinadas pelo mercado de trabalho.

A palavra IBM, ao mesmo tempo empresa, marca e símbolo de tecnologia, funciona aqui como o que tenho chamado "palavra-discurso". Nela se acomodam conjuntamente: tecnologia, modernidade, competência profissional da automatização, do cálculo feito por tecnologias, que, idealmente, abolem tempo e distância. Nela se espremem os sentidos filiados a uma rede de memória, que, ao serem formulados, atualizam os sentidos do trabalho em sua organização empresarial, em sua definição, em que são dominantes as tecnologias e a impaciência do mercado.

Algumas observações teóricas e metodológicas

Feita essa pequena análise, passemos para as noções e métodos que a sustentam.

Deslocando-se do campo da interdisciplinaridade, e afastando-se dos procedimentos de aplicação e de instrumentalização, a análise de discurso se constitui no **entremeio** da relação constituída entre as Ciências Sociais e a Linguística.

Não se caracteriza como interdisciplinar porque, constituindo-se entre as Ciências Sociais e a Linguística, não resulta apenas da mera relação entre elas, mas do campo de suas **contradições**, ou seja, se constitui no lugar em que interroga a Linguística porque esta deixa de lado, para constituir-se, o sujeito e a situação; e interroga as Ciências Sociais, que, ao constituírem-se, consideram o sujeito e a situação, mas deixam de lado a linguagem, tomando-a como transparente. Para a análise de discurso, no entanto, ela não é transparente, tem sua ordem própria; portanto, não é a atravessando, como na análise de conteúdo, mas considerando sua materialidade, que podemos compreendê-la. Por outro lado, sujeito e sentido se constituem ao mesmo tempo, em condições de produção que lhes são necessárias para sua constituição. Logo, não se podem excluir, do estudo da linguagem, sujeito e situação. A análise de discurso trabalha, então, nas contradições constituídas na relação entre as Ciências Sociais e a Linguística, fazendo uma ligação, mostrando que não há separação estanque entre a linguagem e sua exterioridade, pensados aí o sujeito e a situação (sejam as circunstâncias da enunciação, seja a conjuntura sociopolítica, histórica e ideológica). Mais do que isso, a análise de discurso vai mostrar que o recorte de estabelecimento dessas disciplinas é que constitui essa separação e se constitui nela, negando, assim, a existência deste objeto – o discurso – como específico do conhecimento, que tem em sua base a materialidade, linguística e histórica.

Segundo a perspectiva discursiva, a língua se inscreve na história (condições de produção, memória) para significar. A língua, portanto, não é um sistema fechado em si; é sujeita a falhas. As falhas da língua inscritas na história resultam na discursividade, sendo esta o objeto de trabalho da análise.

Não se aplica, na análise de discurso, a Linguística, com seus resultados, sobre as Ciências Sociais, ou vice-versa. Tampouco, a análise de discurso pode ser vista como uma instrumentalização dessas ciências que a usariam como um acréscimo aos seus próprios conhecimentos para agregar apenas mais algum componente a seus resultados. A análise de discurso não trabalha a história do historiador, nem o sujeito da psicanálise, nem a ideologia do cientista social. Ela trabalha a historicidade, o sujeito afetado pelo inconsciente, e a ideologia pensando-os por meio de suas relações com a linguagem, que, como mencionado, não é transparente, tem sua ordem própria, sua espessura semântica, e isso faz toda a diferença.

O entremeio é este espaço de constituição de uma forma de conhecimento particular com seu objeto específico e seu método próprio. Esse espaço é o espaço da contradição e também o que faz emergir o real da dispersão das diferentes disciplinas e a necessidade histórica de uma reorganização do campo das relações entre as diferentes regiões do saber, desde que se introduza, como é o caso, a relação linguagem-ideologia.

Como tenho afirmado (ORLANDI, 1996, p. 34), a interdisciplinaridade é o sintoma da dispersão do saber como necessidade histórica. O que é mais uma manifestação do que tenho chamado de abertura do simbólico: inacabamento, incompletude, inexatidão, movimento, constitutivos dos sujeitos e dos sentidos. De minha perspectiva, a descontinuidade do saber – as ciências segmentam, recortam seus objetos– se confronta com a continuidade empírica do mundo. E a relação entre ambas se faz pelo simbólico, pela linguagem,[6] a qual é sempre sujeita à interpretação, inexoravelmente. Esta dispersão tem sua outra parte na divisão social e na dispersão do sujeito. Se faz parte da constituição da linguagem e do saber aspirar à unidade, esta se confronta com sua dispersão real.

Por seu lado, o gesto de interpretação é o lugar em que se tem a relação do sujeito com a língua, o traço da relação da língua com a exterioridade. Pensando a relação da interpretação com a ideologia, podemos dizer que a ideologia não se define, assim, como conjunto de representações, nem como ocultação da realidade. Ela é uma prática significativa. Havendo necessidade de interpretação, a ideologia não é consciente: é efeito da relação do sujeito com a língua e com a história em sua relação necessária para que signifique. Sua relação com o inconsciente é uma das dimensões do equívoco que constitui o sujeito. A necessidade da interpretação é traço da ideologia. No efeito da transparência está o trabalho da ideologia e da interpretação: o sentido aparece como estando já lá, evidente.

A noção de interdisciplinaridade é, pois, um efeito ideológico do estado social e histórico do conhecimento; no caso que tratamos, das Ciências Sociais e da Linguística (com a psicolinguística, a sociolinguística, a pragmática, a linguística cognitiva e congêneres).

Para nossos fins, resta-nos tematizar, brevemente, nesta parte, a relação linguagem e ideologia.

A ideologia, na perspectiva discursiva, não é vista como ocultação, como dissemos. Ao contrário, a ideologia produz o efeito de evidência dos sentidos e o efeito pelo qual o sujeito se pensa como origem de si. No entanto, ao significar o sujeito se significa. A ideologia interpela o indivíduo em sujeito. Em seu processo de constituição, afetado pela língua, o sujeito se constitui sujeito do que diz, em um duplo movimento: está sujeito a para ser sujeito de. Duplo movimento a que chamamos assujeitamento. E que resulta em uma forma sujeito histórico. Por sua vez, a de nossa contemporaneidade é a forma sujeito capitalista, constituído pela contradição em que se apresenta, juridicamente, como sujeito de direitos e de deveres, determinador e determinado. Constituído ideologicamente pela ilusão de ser a origem de si e dos sentidos. Dupla ilusão já que se constitui pela interpelação e pela interpretação.

---

[6] Em curso, com o professor Cavalcanti, nos anos 1970, sobre a passagem da tragédia para a filosofia, aprendi que, quando o homem se separou da natureza, formou-se um "buraco", uma falha. Essa falha foi preenchida pela linguagem, que permitiu, assim, que o homem, se ligasse, por ela, à natureza, ao mundo. Assim, a linguagem é, desde sempre, o lugar, ao mesmo tempo, de uma independência e de uma falta. Guarda nela esta ambiguidade constitutiva do homem sujeito. Sem essa separação, sem essa falta, não há processo de subjetivação. E aí entra, na análise de discurso, a questão da ideologia de que falaremos mais adiante.

O método da análise de discurso, como se pode observar, trabalhando a ligação material entre língua/ideologia e diferentes formas materiais, visa compreender a constituição dos sujeitos e dos sentidos. Tem como noções de base as de funcionamento e processo. Assim como temos a língua como materialidade específica do discurso e o discurso como materialidade específica da ideologia.

Antes de tomarmos para nossa reflexão estas duas noções, a de processo e de funcionamento, gostaríamos de, referindo-se à relação teoria-método-procedimentos analíticos e objeto, dizer que, teoricamente, é relevante pensar a determinação histórica dos processos de significação (posição materialista). Do mesmo modo, definindo o discurso como efeitos de sentidos (ideologia), é importante, para nossos objetivos, pensarmos a discursividade como a falha da língua (processo) se inscrevendo na história (funcionamento).

Na análise de discurso, a análise desdobra a teoria, ou seja, à medida que os gestos do analista se revelam em descrição e interpretação, do mesmo modo, a análise desdobra a teoria, em um movimento que liga as duas continuamente. E a teoria e o método expõem a maneira como se trata a ideologia: efeitos de relação direta entre linguagem-pensamento e mundo, e de onipotência do sujeito. Ou seja: a ilusão referencial e a ilusão subjetiva, que são trabalhadas ao longo de qualquer análise.

Algumas noções constituem o método de modo privilegiado: a de funcionamento (e não função), a de processo discursivo e a de leitura sintomática. Com base nisso, Pêcheux (apud ORLANDI, 2011, p. 58) vai dizer que o método da análise de discurso visa "expor o olhar leitor a níveis opacos à ação estratégica do sujeito". Em nossa leitura, consideramos, pois, a exposição do olhar leitor à **opacidade** do texto, sua **materialidade** (historicidade) e a **não transparência**, dada a relação imaginária do sujeito com suas condições materiais de existência.

Pela leitura sintomática, procura-se relacionar o que é dito aqui com o que é dito em outro lugar, com o que é dito de outro modo, com o que não é dito, com o que poderia ser dito. Nela, portanto, praticamos o princípio da paráfrase, considerando que o sentido é relação a (CANGUILHEM, 1980) e a possibilidade da deriva, do efeito metafórico, do deslizamento: todo enunciado tem pontos de deriva, diz Pêcheux, em que o sentido pode derivar para outro. Há coerções que vão em direção a sua estabilização, mas há sempre a possibilidade de o sentido ser outro: deslocamento, transferência. Em minhas análises, tenho trabalhado com a tensão entre paráfrase e polissemia (os diferentes movimentos, organizados ou não, de sentidos no objeto simbólico).

Vejamos, então, de modo resumido, a questão do funcionamento, que é a marca da cientificidade, pois, quando se passa da função para o funcionamento, ao mesmo tempo, rompe-se com a continuidade na relação entre teoria e prática, produzindo, assim, naquela forma de conhecimento, uma não extensão da ideologia. E é também o funcionamento que permite a capacidade de análise. Esta resulta da relação do texto com a exterioridade, pensada como o sujeito, ou melhor, a posição sujeito constituída pela projeção da situação do sujeito, pelas formações imaginárias, no discurso: posição sujeito patrão, posição sujeito empregado etc. Posições que resultam da projeção imaginária que se dá quando a forma sujeito histórica é individuada, pelo Estado (enquanto articulador simbólico e político) em suas instituições e discursos, e o sujeito, então, identifica-se com uma, e não outra, formação discursiva, em que se constituem os sentidos que produz e que o significa em sua individualidade.

Além da situação assim funcionando no discurso, consideramos também, como parte da relação do discurso com sua exterioridade, a memória discursiva, estruturada pelo esquecimento: "alguma coisa fala antes, em outro lugar e independentemente" diz Pêcheux (1975, p. 157). Essa memória, constituída pelo esquecimento, não é, entretanto, representável, e o sujeito não tem acesso ao modo como os sentidos se formaram nele. Daí sua impressão de origem dos sentidos e da realidade do pensamento, ou seja, de que o que diz somente pode ser aquilo e não outra coisa. Ele retoma sentidos preexistentes, o já dito constitutivo de seu dizer, sem que isso lhe apareça como interpretação. E se ilude na construção discursiva do referente, com a transparência da linguagem e do sujeito como origem de si, como afirmamos anteriormente.

É assim que um texto funciona imaginariamente na produção de sentidos por/para sujeitos. E é assim que sujeitos e sentidos constituem-se, se formulam e circulam na sociedade e na história.

Vejamos, agora, a questão do **processo discursivo**. Este, segundo Pêcheux (1975, p. 161), designa o sistema de relações de substituição, paráfrases, sinonímias etc. que funcionam entre elementos linguísticos – significantes – em uma formação discursiva dada.

A noção equivalente de processo deriva da relação constitutiva da análise de discurso com o materialismo. Lembramos aqui que o materialismo dialético é uma doutrina que tem como ideia o fato de que o mundo não pode ser considerado um conjunto de coisas acabadas, mas de **processos** em que as coisas e os **reflexos** delas na consciência (os conceitos) estão em incessante **movimento** gerado pelas mudanças qualitativas. E o materialismo histórico considera que o **modo de produção da vida material condiciona o conjunto dos processos da vida social, política etc.**

Pois bem, na noção de processo, com que trabalhamos na análise de discurso, está sua filiação materialista: tratamos dos reflexos (da formação ideológica no discurso), do movimento incessante (derivas), das mudanças (transferência), do modo e das condições de produção (sócio-históricas, ideológicas). Sem esquecer o rompimento com a separação sujeito e objeto, pela ideia de contradição e de movimento no mundo. O universo é visto como um todo formado de matéria e movimento.

O método da análise de discurso trabalha com estas noções: a de processo que engloba a de movimento, de mudança, de condições de produção, de materialidade, de não separação entre sujeito e objeto etc.

Com efeito, a questão do processo se apresenta como fundamental para o método na análise de discurso e, assim como dissemos anteriormente, também se cita a passagem da noção de função para a de funcionamento, já que só podemos descrever e analisar o funcionamento e não as funções, na medida em que, estas, podem ser em número ilimitado e variável.

Sustentado no materialismo, a noção de processo se declina em:

» Processo Discursivo (definido por Pêcheux (1975) como aquele em que se dá a reformulação, sinonímia, substituição, paráfrase etc.): aí exploramos as relações da língua com sua exterioridade. Na análise breve que fizemos, podemos pensar o processo discursivo quando indicamos a substituição de "ideologia" por "cultura". Para chegar a essa ideia, fizemos uma contraposição em relação ao que foi e ao que poderia ser dito. Outro exemplo, em nossa análise, é a reformulação sucessiva dos logotipos da IBM, por exemplo, produzindo um deslizamento de sentido da própria empresa e de sua organização de trabalho.

» Processo de Produção de Sentidos: aqui podemos lembrar a definição da teoria de discurso. Trata-se da determinação histórica dos processos de significação. É o que podemos, em nossa análise, trazer para exemplificar, quando referimos ao fato de que a conjuntura histórica no período pós-guerra (em 1942) acarreta um deslocamento no processo de produção de sentidos que, no logotipo da IBM, está marcado pelo apagamento da palavra "Internacional" e a eliminação da forma do globo.

» Processo de Constituição dos Sujeitos. Esta, como mostramos anteriormente, se dá pela interpelação do indivíduo, tocado pelo simbólico, pela ideologia. Seguida da individuação desse sujeito pelo Estado e suas instituições e discursos, que preparam, assim, a entrada desse sujeito, agora individuado, no processo de identificação: ele se identifica com uma, e não outra, formação discursiva e, assim, constitui-se em sua posição sujeito que se projeta na formação social. É pela identificação do sujeito que a palavra, expressão, insere-se na formação discursiva extraindo desse processo seu sentido.

Jogam nesse processo de constituição dos sujeitos, e dos sentidos, a ideologia e o inconsciente. E entra em cena, na questão do método, a noção de formação discursiva, ambas definidas como o reflexo, no discurso, das formações ideológicas. Elas são, então, aquilo que pode e deve ser dito pelo sujeito em uma conjuntura dada. Uma das maneiras de apreendermos a diferença entre formações discursivas é observarmos a relação de sentidos. A palavra "trabalho", por exemplo, tem um ou outro sentido ao inscrever-se em uma ou outra formação discursiva: a do sistema orgânico ou a mecanicista.

A noção de formação discursiva, portanto, é muito importante metodologicamente, pois decide sobre os sentidos, levadas em conta, sem dúvida, as condições de produção e a filiação à memória discursiva e seus efeitos.

A memória discursiva, ou saber discursivo, representa tudo o que foi e é dito sobre algo. Representa como um eixo vertical que atravessa todo o processo discursivo, tomando o nome de interdiscurso: alguma coisa fala antes, em outro lugar e independentemente. Ou seja, para que minhas palavras signifiquem, é preciso que já signifiquem, e este já dito é a memória discursiva, estruturada, como assinalamos, pelo esquecimento. O sujeito esquece, por exemplo, a primeira vez em que ouviu a palavra indústria e como ela significou. Ele não tem acesso à memória discursiva, pois ela é irrepresentável. Ele esquece, mas ela faz funcionar o que diz, o como diz, o quando diz.

E é porque esquece que tem a ilusão de ser a origem do que diz, quando na verdade retoma sentidos preexistentes (retoma, não repete, necessariamente) e se ilude com o fato de que o que diz só pode ser dito daquela maneira, quando na realidade a relação linguagem-pensamento-mundo não é termo a termo, e os sentidos sempre podem ser outros.

Entretanto, no texto que utilizamos como objeto de análise, há um interessante processo de significação que passa pela relação da memória e o espaço. E pela relação da memória discursiva, a estruturada pelo esquecimento, com a que chamo memória de arquivo, institucional, que é aquela saturada pelos sentidos que circulam no cotidiano do imaginário social, já significado. Os "credos" estão espalhados, como está dito, por todo o espaço de trabalho. E, como sabemos, os espaços são espaços de interpretação, têm materialidade significativa. Assim, naquele espaço, os "credos" são um lembrete da memória que não esquece (a institucionalizada, a memória de arquivo) para que aquele espaço de significação fique saturado pelo discurso da empresa. E é seu chefe falando. O efeito é o de que os sujeitos aí estão significando e se significando, mas pela assepsia da historicidade que permeia as relações entre os sujeitos, e entre os sujeitos e a empresa. Em um espaço em que se distribuem lembretes que apagam os efeitos da memória discursiva e em que se presentifica a fala do chefe. E aí vem bem a calhar o logotipo da empresa, IBM, que tem um substituto carinhoso, ao ser chamada Big Blue (BB). Não está longe do que nos faz pensar Courtine, na epígrafe deste capítulo, tematizando a obra de George Orwell e do Big Brother, na produção do "homem novo": desenraizado, amnésico, o sujeito idêntico que é estranho ao outro. A prisão do olhar que rompe os laços e quebra qualquer cumplicidade. Tudo é visível, não há memória, tudo é igual em sua inexistência. Todo o espaço já está significado e circulando no circuito de seus credos.

Por fim, pensando o método e os procedimentos de análise, podemos dizer que partimos sempre da chamada "superfície de linguagem" que temos como fato discursivo a analisar. Após um primeiro lance de análise, chegamos ao "objeto discursivo" em que já reconhecemos alguns indícios do jogo de formações discursivas ali presente. Então, após uma análise mais aprofundada, sustentada em um dispositivo analítico que é determinado pelo dispositivo teórico da interpretação, chegamos à compreensão do "processo discursivo" que ali se desenvolve, naquela prática de linguagem. Ao chegar ao processo discursivo, temos conhecimento de como se ligam linguagem e ideologia, e como funcionam na produção daqueles sentidos e na constituição daqueles sujeitos.

No caso referido em nossa análise, trata-se do discurso empresarial, com efeitos de sentidos sobre seus funcionários e a própria noção de trabalho e de mercado. E, o que pode ser ainda mais interessante, aponta para o fato de que a questão da "organização do trabalho" tem sua materialidade e é, portanto, decisiva para o funcionamento da empresa e dos sentidos que ela mobiliza. Ou seja, é uma prática, no sentido discursivo. Sem esquecer a ideologia da empresa, posta na série de "credos" que a administram, funcionando sob o efeito da evidência, quando, na realidade, para poder "interpretá-los", temos necessidade de compreender o processo discursivo de que são partes em sua prática. O que é evidente, na realidade, é produto de um processo discursivo em que a linguagem, o sentido, os sujeitos, são bem pouco transparentes e demandam compreensão antes de serem interpretados em sua evidência. O que resulta em que, neste processo, os sujeitos ali são reféns da interpretação já posta: não interpretam, são interpretados, não significam, são significados por ele.

Referências

CANGUILHEM, L. *Le cerveau et la pensée*. Paris: MURS, 1980.

COURTINE, J.-J. "A melhor das línguas". *Entremeios*: revista de estudos do discurso, n. 5. Pouso Alegre: Univás, jul. 2012.

ORLANDI, E. P. *Interpretação*: autoria, leitura e efeitos do trabalho simbólico. Petrópolis: Vozes, 1996.

_____. *Análise de discurso*: Michel Pêcheux. Campinas: Pontes, 2011.

PÊCHEUX, M. *Les vérités de la palice*. Paris: Maspero, 1975.

_____. "Ler o arquivo hoje". In: ORLANDI, E. P. (org.). *Gestos de leitura*. Campinas: Unicamp, 1994.

ANÁLISE DE DISCURSO CRÍTICA: REFLEXÕES SOBRE A INVESTIGAÇÃO DISCURSIVA DE CONTEXTOS ORGANIZACIONAIS DE RESISTÊNCIA

María del Pilar Tobar Acosta
Viviane de Melo Resende

A **Análise de** Discurso Crítica, ou ADC (FAIRCLOUGH, 2001, 2003; CHOULIARAKI; FAIRCLOUGH, 1999), constitui um arcabouço teórico metodológico para estudos discursivos que visem investigar problemas sociais parcialmente discursivos. Tradicionalmente, investigações discursivas na área têm focalizado textos oriundos de práticas sociais articuladas à hegemonia, sendo um dos principais objetivos o desvelamento de discursos que sustentam práticas de dominação.

No entanto, como complexo de epistemologias e métodos, a ADC também pode abarcar estudos de textos produzidos em contextos organizacionais de resistência. Esse foi o caso das investigações conduzidas no projeto integrado "Publicações em língua portuguesa sobre população em situação de rua: análise de discurso crítica" (RESENDE, 2010), cujo objetivo foi empreender uma pesquisa etnográfico-discursiva das cinco publicações em Língua Portuguesa orientadas para as situações de rua, mapeadas por meio do International Network of Street Papers (INSP).

São elas: os jornais *Boca de Rua*, de Porto Alegre, *Aurora da Rua*, de Salvador, e *O Trecheiro*, de São Paulo; e as revistas *Cais*, de Lisboa, e *Ocas"* de São Paulo.[1] Neste capítulo, focalizaremos apenas alguns dos resultados relativos a *O Trecheiro* e a *Ocas"* (ACOSTA, 2012).

A fim de embasar o debate, começamos por abordar a teoria social do discurso (FAIRCLOUGH, 2001), discutindo centralmente a configuração ontológica do funcionamento social da linguagem e propondo a ampliação do escopo das investigações com base em contribuições de nossos estudos. Assim, observaremos que a perspectiva crítica da ADC não necessariamente tem de ser negativa; há também a possibilidade de analisarmos textos criticamente, mas tendo como propósito uma explanação positiva que procure contribuir para o desenvolvimento de ferramentas simbólicas que possam ser operacionalizadas por atores sociais inseridos nas práticas contra-hegemônicas que investigamos.

O presente capítulo divide-se em cinco seções: na primeira seção ("Conceitos fundamentais em Análise de Discurso Crítica"), discutimos conceitos preliminares básicos da ADC; na segunda ("Níveis de abstração sociais e semióticos: uma abordagem transdisciplinar para estudos discursivos"), retomamos a adaptação do "Modelo transformacional da atividade social" (BHASKAR, 1989) feita por Fairclough (2010) para estudos discursivos; na terceira seção ("Ordens de discurso: foco da investigação discursiva crítica"), abordamos as ordens de discurso como foco coerente para pesquisas discursivas críticas; na quarta e quinta seções, respectivamente ("Hibridação de ordens de discurso no jornalismo de defesa civil em contextos organizacionais de resistência" e "Acesso a espaços discursivos na ordem de discurso no jornalismo de defesa civil"), retomando resultados da pesquisa de Acosta (2012), discutimos, respectivamente, a formação de ordem de discurso híbrida, no contexto da produção de veículos midiáticos por organizações sociais civis, e o acesso a espaços discursivos em casos que exemplificam essa ordem discursiva. Apresentamos, em seguida, algumas considerações finais.

---

[1] A equipe articulada em torno desse projeto inclui a pesquisadora Viviane de Melo Resende, as estudantes María del Pilar Tobar Acosta e Andreia Alves dos Santos, e o estudante Gersiney Pablo Santos. Projetos individuais articulados ao projeto integrado focalizaram cada uma das publicações. O projeto integrado vinculou-se ao grupo de pesquisa Mobilização, Direitos e Cidadania: ação, representação e identificação no discurso, ao Programa de Pós-Graduação em Linguística da Universidade de Brasília e ao Núcleo de Estudos de Linguagem e Sociedade (www.nelis.unb.br).

Conceitos fundamentais em Análise de Discurso Crítica

A Análise de Discurso Crítica (ADC) integra o ramo da linguística funcionalista e, assim, concebe a linguagem como sistema semiótico cujo funcionamento é socialmente contingenciado, constituindo-a e sendo por ela constituída. O interesse central dos estudos em ADC recai justamente sobre esse funcionamento social. A materialização do potencial semiótico por atores sociais se dá por meio de eventos discursivos que resultam em textos. Para Fairclough (2003), qualquer ato linguístico constitui um texto, estando compreendidos desde textos escritos – jornais, livros, publicidades etc. – ou textos orais – interações informais, aulas, programas de televisão etc. – até textos imagéticos e textos multimodais, em cuja composição se utilizam diferentes modalidades de linguagem (oral, escrita, sonora, imagética etc.). Essas modalidades ou semioses são incluídas no conceito ampliado de texto, e são passíveis de serem analisadas.[2] O texto é a unidade mínima de estudo em ADC porque é a menor estrutura linguística capaz de engendrar significados sociais, sendo as funções que a linguagem exerce socialmente associadas a significados discursivos, os quais podem ser mapeados pelos textos que os materializam.

O interesse central dos estudos em ADC recai sobre a produção de significados sociais por meio de textos, por compreender que a construção da realidade social se dá, também, e de maneira cada vez mais central, pela via simbólica. A atividade discursiva é, nesse sentido, definida como um dos momentos das práticas sociais. O conceito de prática social é operacionalizado com base nos estudos de Harvey (1992). Para o autor, as práticas sociais são multifacetadas, compostas por diferentes momentos, dos quais o **discurso** (ou atividade discursiva) é constituinte, juntamente com a **atividade material**, as **relações sociais** e o **fenômeno mental** (na operacionalização proposta por Chouliaraki e Fairclough, 1999). Cada momento é parte irredutível da prática social, estando em relação dialética com os outros, e qualquer mudança que ocorra em um dos momentos repercutirá nos demais e, de maneira global, afetará as redes de práticas sociais relacionadas. Assim, esses momentos são constitutivos das práticas sociais e se relacionam pela interiorização e pela articulação, cada momento informando os outros e sendo informado pelos outros (RESENDE; RAMALHO, 2006). A Figura 2.1 sintetiza os conceitos abordados até aqui.

---

[2] No caso de imagens estáticas, por exemplo, temos textos imagéticos, passíveis de análise, entre outros, pelo referencial semiótico da Gramática do Design Visual (KRESS; VAN LEEUWEN, 1996).

Figura 2.1 – Discurso como momento das práticas sociais

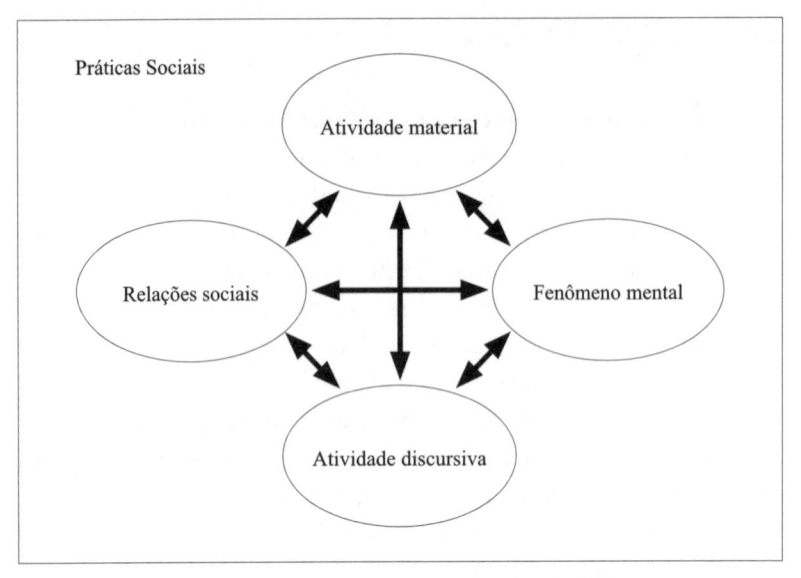

Fonte: Adaptada de Chouliaraki; Fairclough (1999).

Para estudar a linguagem na sociedade, diferentes aspectos podem ser focalizados; no caso da ADC, o foco são as práticas sociais, acessadas por meio do estudo do funcionamento social da atividade discursiva. Determinados traços linguísticos materializam significados sociais, e, assim, fazem com que os textos funcionem na sociedade. A perspectiva funcional do discurso nessa versão de ADC foi construída com base na aproximação com a Linguística Sistêmico Funcional (LSF), pela operacionalização das macrofunções textuais de Halliday (1985). De acordo com a operacionalização do funcionalismo em LSF proposta por Fairclough (2003), em todo texto: (1) identificamos outras pessoas e a nós mesmos, pela construção de significados identificacionais que instanciam **estilos** discursivos; (2) agimos sobre o mundo social e sobre outras pessoas, pela construção de significados acionais, que instanciam **gêneros** discursivos; e (3) representamos o mundo social, ou aspectos dele, pela construção de significados representacionais, que instanciam **discursos**.

Assim, estilos, gêneros e discursos são os elementos centrais das ordens de discurso; são conceitos teóricos que indicam, respectivamente, modos relativamente estáveis de identificar-se discursivamente, de agir discursivamente e de representar no discurso. Disso se depreende uma dupla acepção para "discurso" em ADC: como substantivo mais abstrato, significa "linguagem como momento irredutível da vida social" ou, como já vimos, atividade discursiva (Figura 2.1); por outro lado, como substantivo contável, um discurso é um "modo particular de representar parte do mundo", ligado a interesses específicos (RAMALHO; RESENDE, 2011, p. 17). Assim é que podemos identificar discursos particulares como o discurso religioso neopentecostal, o discurso político neoliberal etc. Acrescentemos esses novos elementos ontológicos a nossa figura inicial.

57

Capítulo 2 » Análise de discurso crítica: reflexões sobre a investigação discursiva de contextos organizacionais de resistência

Figura 2.2 – Atividade discursiva na prática social: momentos internos

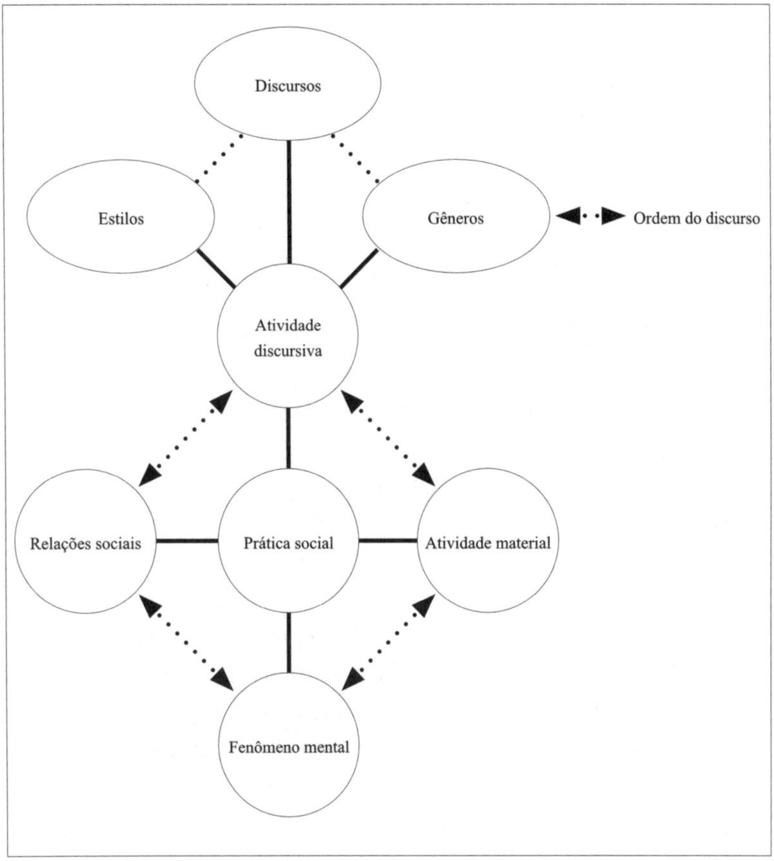

Fonte: Adaptada de Ramalho; Resende (2011, p. 42).

Em razão dessa complexidade ontológica advinda da compreensão de que a atividade discursiva é parte irredutível da vida social, a ADC requer que se utilizem epistemologias de diferentes áreas – tais como ciências sociais críticas e ciências da comunicação, entre outras –, que permitam estudar o sistema semiótico, conforme instanciado em práticas específicas, e mapear as relações entre linguagem e sociedade. Assim, a seara da ADC constitui um campo consolidado interdisciplinarmente. Nesse sentido, os estudos discursivos operacionalizam conceitos de outras áreas, criando interconexões entre diferentes epistemologias, geradas em campos distintos. Esse caráter interdisciplinar vem sendo incrementado em diversas investigações que buscam aproximar ainda mais o campo da linguística discursiva de outras áreas do conhecimento e que, assim, procuram efetivamente romper barreiras positivistas que isolam epistemologias em limites rígidos. O avanço dessas aproximações de mais a mais está fazendo da ADC uma transdisciplina, quer dizer, um campo de epistemologias híbridas, geradas no contato de saberes de diferentes áreas que não são apenas justapostos, mas operacionalizados.

Na próxima seção, vamos nos concentrar em outra aproximação epistemológica imprescindível para a formulação dessa teoria do funcionamento social da linguagem: o diálogo com o Realismo Crítico.

Níveis de abstração sociais e semióticos: uma abordagem transdisciplinar para estudos discursivos

Em investigações qualitativas, há a necessidade de se definir, de maneira rigorosa, como será realizada a abordagem dos processos sociais focalizados. Nesse sentido, a localização dos processos dentro de um mapeamento ontológico é fundamental (MASON, 2002). Na vertente de origem britânica de ADC, que recebeu notáveis contribuições das vertentes latino-americanas, foi construída, com base nos estudos de Chouliaraki e Fairclough (1999) e de Fairclough (2003), uma aproximação interdisciplinar com o Realismo Crítico (BHASKAR, 1989). Como resultado, a ontologia estratificada da realidade social tem sido operacionalizada para o desenvolvimento de teoria do funcionamento social da linguagem.

Para compreender onde se situa nosso objeto de estudo propriamente dito – o discurso ou a atividade discursiva em práticas particulares –, é necessário retomar a opção ontológica selecionada. A ADC se aproxima dos trabalhos de Harvey (1992), operacionalizando seu conceito de práticas sociais, e de Bhaskar (1998), adotando o modelo transformacional da atividade social do Realismo Crítico para construir uma ontologia social do discurso. O conceito do primeiro autor nos indica o caráter multifacetado das práticas sociais e permite compreender o funcionamento dos momentos das práticas em sua constituição interna (veja a primeira seção). Uma articulação desse aparato teórico com a formulação dos momentos internos da atividade discursiva – os elementos das ordens do discurso, gêneros, discursos e estilos (Figura 2.2) –, por sua vez, permite compreender como o momento discursivo funciona em práticas particulares. A contribuição do segundo autor completa a formulação de um quadro ontológico para estudos discursivos críticos, propondo um modelo do funcionamento da sociedade. Como veremos a seguir, os níveis de abstração dos elementos desse quadro ontológico (estruturas, práticas sociais, eventos) são operacionalizados para a compreensão dos níveis da linguagem (sistemas semióticos, ordens de discurso, textos).

Para o Realismo Crítico, a estrutura social fornece recursos para ação, ao mesmo tempo em que a constrange, e o potencial que oferece é aberto às imprevisíveis instanciações que se realizam em eventos concretos. A realização desse potencial em eventos, entretanto, é mediada por entidades organizacionais intermediárias que, como o nome indica, organizam o potencial estruturante e viabilizam sua realização nos diversos campos da atividade humana. A materialização do **potencial** constitui os eventos sociais **realizados**, que deixam traços **empiricamente** observáveis, entre os quais estão os traços discursivos instanciados em eventos: os textos que nos servem de objetos.

Por meio da análise de amostras discursivas historicamente situadas, pode-se perceber a internalização dos componentes das práticas sociais no discurso. As práticas sociais dependem (também) do discurso para serem materializadas em eventos sociais, isto é, para serem concretizadas. Assim, é possível associar o mapeamento ontológico de Bhaskar (1998) ao funcionamento do discurso nas práticas sociais. Nessa perspectiva, o potencial da linguagem é também uma estrutura que oferece recursos e impõe constrangimentos para a ação discursiva. Assim como o potencial social estruturante é mediado por práticas sociais para sua realização em eventos, também o potencial semiótico da linguagem é mediado por entidade organizacional intermediária: as ordens de discurso. As ordens de discurso são, nessa relação, equivalentes às práticas sociais, organizando o vasto potencial semiótico, para que este seja realizado por atores sociais, sob a forma de eventos discursivos, nos diversos campos da atividade humana.

Vejamos o Quadro 2.1, que sintetiza essa associação dos níveis de abstração da vida social com os níveis correspondentes na linguagem:

Quadro 2.1 – Níveis de abstração da vida social e adaptação para a compreensão do funcionamento social da linguagem

Níveis do social	Níveis da linguagem
Estruturas sociais	Sistemas semióticos
Práticas sociais	Ordens de discurso
Eventos sociais	Textos

Fonte: Adaptado de Fairclough (2003, p. 220).

Para Fairclough (2003, p. 220), as ordens de discurso são "as combinações particulares de gêneros, discursos e estilos, que constituem o aspecto discursivo de redes de práticas sociais, a faceta socialmente estruturada da linguagem". Assim, as ordens de discurso são, igualmente às práticas no que se refere à relação entre estruturas sociais e a agência humana, o ponto de conexão entre o sistema semiótico abstrato (mecanismos e estruturas linguísticas) e sua realização concreta (textos). Ordens de discurso específicas participam na composição das práticas sociais e, nessa perspectiva, diferentes discursos, sendo diversas as formas de representar o mundo, estão atrelados a práticas sociais particulares – o mesmo se aplica a gêneros e estilos particulares. Essas práticas devem ser analisadas segundo a percepção de que são frutos de processos sociais e que na mesma medida os produzem.

Como discutimos na primeira seção, há três formas básicas de funcionamento do discurso na sociedade: ação, representação e identificação. Esses três eixos de funcionamento são associados a elementos componentes das ordens de discurso, respectivamente: gêneros – tipos relativamente estáveis de textos, articulando formas e funções particulares (BAKHTIN, 2000) –, discursos, na acepção mais concreta (veja a primeira seção) – modos particulares de representar aspectos do mundo, associados a campos específicos da atividade humana – e estilos – modos particulares de construção de identidades sociais em práticas específicas. Vejamos a Figura 2.3, que ilustra os elementos das ordens de discurso.

Figura 2.3 – Composição ontológica das ordens de discurso

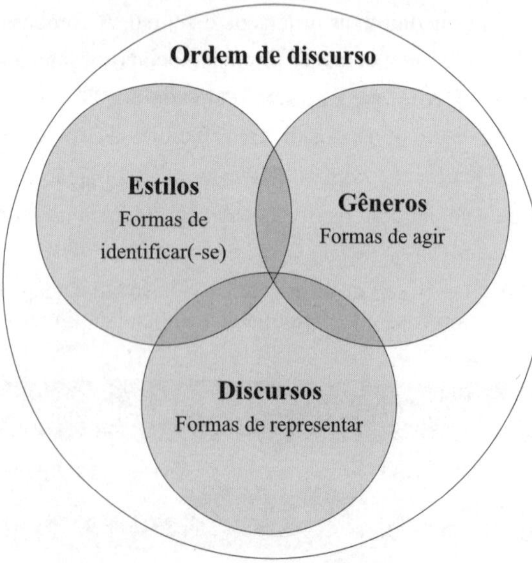

Fonte: Adaptada de Fairclough (2003).

Já vimos que a teoria social do discurso também estabelece uma interface com a Linguística Sistêmica Funcional (LSF) de Halliday, que atribui como característica geral da linguagem humana "uma relação entre as funções sociais da linguagem e a organização do sistema linguístico" (RESENDE; RAMALHO, 2006, p. 56-57). As escolhas operadas no sistema semiótico, em textos particulares considerados em seus contextos conjunturais, são analisadas com base nos sentidos potenciais que carregam. Resende e Ramalho (2006) observam que em ADC, além de uma rigorosa compreensão dos conceitos que constroem a teoria do funcionamento social da linguagem, é imprescindível ao pesquisador agregar conhecimento de categorias linguísticas para proceder a uma investigação textualmente orientada.

A análise textualmente orientada vem, nessa perspectiva, preencher o espaço de conhecimento entre o processo social e sua faceta discursiva, ao entender que existe uma "correlação entre a estrutura social e a estrutura linguística" (SILVA, 2009, p. 66). Segundo Halliday, existem três macrofunções – ideacional (representação da experiência), interpessoal (interação social) e textual (realização textual) – que se inter-relacionam em todo texto, sendo que a análise deve verificar cada um desses aspectos. Ao dialogar com a LSF, Fairclough propõe um novo arranjo para as funções de Halliday, mantendo o caráter multifuncional da linguagem humana. Ele divide a função interpessoal em duas outras funções: identitária (o modo como as identidades são constituídas e expressas em textos) e relacional (o modo como as relações sociais são textualmente representadas e negociadas), e incorpora a função textual à relacional. Procurando um aprofundamento da relação entre LSF e ADC, Fairclough propõe três significados da linguagem associados a essas funções: o significado acional (enfoque do texto como ação e interação social), o significado representacional (enfoque do texto como representação) e o significado identificacional (enfoque do texto como forma de constituição identitária).

Segundo o entendimento das funções articuladas nesses três significados, foi possível à ADC formular ou recontextualizar categorias analíticas que permitem investigar, por meio de realização discursiva, questões sociais. Essas categorias são a instância de mediação entre a teoria e o objeto de estudo, tendo em vista que, por meio delas, é possível apropriar-se dos elementos discursivos presentes nos textos para analisá-los. A aplicação sistemática de categorias analíticas, associadas a conceitos teóricos, a corpos de dados possibilita a explanação crítica de textos, o que vai além de sua interpretação. Para isso, o foco da análise não é a língua como sistema semiótico, nem o texto como instanciação individual, mas a estruturação social da linguagem nos elementos das ordens de discurso e sua materialização em corpos de textos.

Ordens de discurso: foco da investigação discursiva crítica

Em razão da centralidade das ordens de discurso como entidades organizacionais intermediárias, e por seus elementos não serem linguísticos, mas sociossemióticos, constituem o foco de investigações discursivas críticas. O conceito de "ordem de discurso" foi operacionalizado dos estudos arqueológicos de Foucault (2010 [1971]) por Fairclough (2001[1992]). Na primeira seção, observamos "a natureza constitutiva do discurso", que "constitui o social, como também os objetos e os sujeitos sociais" (FAIRCLOUGH, 2001, p. 81). Essa concepção é complementada pelo entendimento de que os discursos são construídos no espaço da interdiscursividade. Ramalho e Resende (2011) observam, sobre a configuração de redes de ordens de discurso, que essas delineiam um sistema social, no sentido de que constituem "um potencial semiótico estruturado que possibilita e regula nossas ações discursivas". Nesse sentido, é necessário compreender como as ordens discursivas, entendidas como "combinações particulares de gêneros, discursos e estilos" (FAIRCLOUGH, 2003, p. 220), relacionam-se entre si.

É possível associar essa percepção do discurso elencada dos trabalhos de Foucault ao mapeamento ontológico exposto na primeira seção, e observar que a produção de eventos discursivos só é viável pela existência do nível de organização ocupado pelas ordens de discurso, que informam a ação discursiva com regras que, ao mesmo tempo em que oferecem recursos para a ação, limitam essa ação. A esse respeito, Fairclough (2001, p. 65) observa que:

> Uma formação discursiva consiste de regras de formação para o conjunto particular de enunciados que pertencem a ela e, mais especificamente, de regras para a formação de objetos, de regras para a formação de modalidades enunciativas e posições de sujeito, de regras para a formação de conceitos e de regras para a formação de estratégias. Essas regras são constituídas por combinações de elementos discursivos e não discursivos anteriores, e o processo de articulação desses elementos faz do discurso uma prática social, chamada por Foucault de "prática discursiva". [...] os objetos do discurso são constituídos e transformados em discurso de acordo com as regras de uma formação discursiva específica, ao contrário de existirem independentemente e simplesmente serem referidos ou discutidos dentro de um discurso particular.

Assim, há contingências sociais engendradas no/pelo discurso, e são esses recursos-constrangimentos, organizados em relação a práticas sociais específicas, que constituem a essência das ordens de discurso. Nessa perspectiva, toda prática social articula ordenações discursivas particulares, que viabilizam a atividade discursiva, um de seus momentos. As práticas sociais são dinâmicas, sendo cada vez mais evidente, nas práticas contemporâneas, a aproximação de espaços sociais e a hibridação de práticas. Tendo em vista que há sempre ordens de discurso constitutivas e constituídas dessas/nessas práticas, estas também sofrem modificações por meio de trocas promovidas por imbricamento entre as ordens.

A dinâmica das ordens de discurso pode, então, ser compreendida quando determinada prática social se associa a outras, sendo possível o hibridismo nessas práticas. A maneira como ordens de discurso se relacionam entre si é, igualmente, um desdobramento da percepção discursiva de Foucault (2012 [1972]). Uma vez que as práticas sociais são multifacetadas, uma alteração em qualquer dos momentos da prática espraia-se para os demais, afetando-os em maior ou menor medida. Nesse sentido, podemos estabelecer a mesma relação que apresentamos na segunda seção, da adaptação dos níveis de abstração da realidade social para compreender como se produz a atividade discursiva. As ordens de discurso na contemporaneidade são cada vez mais híbridas, e esses hibridismos se espraiam para todos os elementos das ordens de discurso postas em contato. Nesse sentido, quando práticas sociais particulares, com suas ordens de discurso também específicas, são postas em hibridação, discursos particulares são modificados pelo contato com outros discursos (na interdiscursividade), gêneros particulares são modificados pelo contato com outros gêneros (na intergenericidade) e estilos particulares são afetados pelo contato com outros estilos, criando formas alternativas de identificação discursiva.

Nas próximas seções, buscaremos tornar esse debate mais claro, lançando mão de resultados de uma investigação.

Hibridação de ordens de discurso no jornalismo de defesa civil em contextos organizacionais de resistência

Com base na pesquisa empreendida por Acosta (2012), em projeto de pesquisa vinculado ao projeto integrado "Publicações em Língua

Portuguesa sobre População em Situação de Rua: análise de discurso crítica", retomaremos alguns de seus resultados, procurando relacioná-los ao que debatemos nas seções anteriores. Os dados, que permitiram as análises que levaram aos resultados brevemente apresentados neste capítulo, foram oriundos de edições da revista *Ocas"* (editada, publicada e distribuída pela organização não governamental Organização Civil de Ação Social – OCAS) e de edições do jornal *O Trecheiro* (editado, publicado e distribuído pela organização não governamental de comunicação Rede Rua). Na pesquisa, foram analisados em profundidade textos e imagens de ambas as publicações, utilizando-se categorias analíticas discursivas postas em funcionamento ao lado dos conceitos teóricos aqui discutidos. Neste capítulo, entretanto, não nos concentraremos na análise discursiva de dados na perspectiva micro, mas no hibridismo de ordens de discurso (nesta seção) e na mudança na ordenação do acesso a espaços discursivos (na próxima seção) no âmbito do jornalismo de defesa civil associado a contextos organizacionais de resistência.

O contexto social define as ordens de discurso (FOUCAULT, 2012) e é também definido por elas; essa reciprocidade caracteriza a essência do alternativo nas publicações de rua. O ambiente de que emergem lhes empresta a perspectiva particular, a forma de entender determinada realidade, abrindo espaço para discursos outros. Sua emergência (no mais amplo sentido) dá-se em função dos anseios de pessoas e grupos sociais que não são contemplados pela grande mídia. Nessa perspectiva, segundo Mattia e Lazarotto (1996, p. 92), a mídia "é alternativa à medida que se transforma em instrumento opcional de um grupo de pessoas ou de um setor social para a transmissão de uma mensagem específica destinada à transformação". A produção midiática responde, dessa forma, à necessidade de expressão coletiva.

De maneira mais específica, no que tange à frente simbólica de atuação das ONGs OCAS e Rede Rua, os produtos midiáticos por elas organizados podem ser definidos sob a rubrica do *advocacy journalism* ou, na tradução proposta por Waisbord (2009), "jornalismo de defesa civil", em razão do papel de sensibilização para a luta social por Direitos, em seu sentido mais amplo. Na articulação com o campo da mobilização social por Direitos, ocorre a promoção do jornalismo de defesa civil, que constitui uma ordem de discurso híbrida, em que as técnicas de composição textual desenvolvidas pela mídia são alteradas. Vejamos a Figura 2.4, que ilustra essa dinâmica.

Figura 2.4 – Dinâmica de aproximação de ordens de discurso em jornalismo de defesa civil

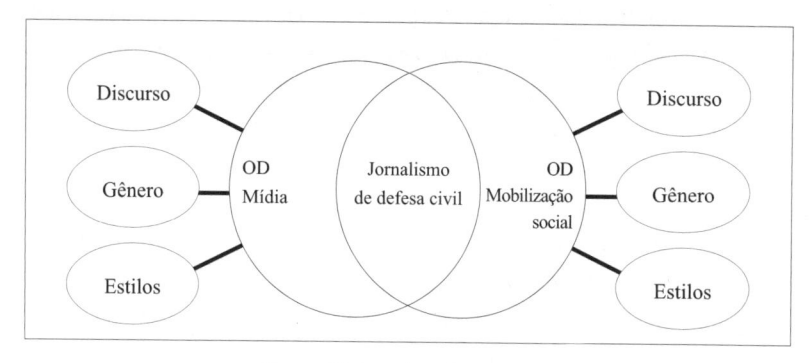

Fonte: Elaborada pelas autoras.

Na relação de hibridação, discursos, gêneros e estilos são modificados, havendo distintas possibilidades de realização do hibridismo: em alguns casos, o potencial genérico da mídia tradicional pouco se modifica, mas há alterações significativas nos discursos e estilos materializados; em outros, as alterações do potencial genérico são também bastante salientes, com impactos também em estilos e discursos. Em que pese a diversidade de possibilidades de recombinação, o que queremos salientar é que esse campo emergente no jornalismo configura nova ordem de discurso justamente porque uma alteração em qualquer dos elementos da ordem discursiva da mídia sempre acarreta mudanças também nos demais, dando ensejo à formulação/circulação de tipos diferentes de textos, materializando tipos diferentes de discursos e engendrando novos estilos de jornalismo. Essa ordem discursiva híbrida, por sua vez, é resultado de recombinações de práticas, que respondem a necessidades sociais e que as modificam no mesmo passo. A seguir, veremos três exemplos com referência a textos específicos (para uma análise textualmente orientada desses textos, consulte ACOSTA, 2012).

Como exemplo de textos que respondem a esse processo de hibridação de ordens de discurso, podemos citar o "Pobreza nunca mais?", de Ana Ligia Scachetti, jornalista e editora da revista *Ocas"*, publicado na seção "Cabeças sem teto" da edição nº 79, de setembro/outubro de 2011. Nele, a autora constrói um texto que responde ao gênero "notícia", conforme disposto na ordem de discurso da mídia tradicional, em que noticia o "Movimento pobreza nunca mais", lançado por Henrique Pinto, editor da revista *Cais*, de Lisboa, no encontro anual da International Network of Street Papers (rede internacional de publicações de rua) em 2011. O texto é composto por título, olho, lide, sublide e corpo do texto; a estrutura genérica, portanto, mantém o padrão de pirâmide, em que as informações topicalizadas são privilegiadas em relação às informações que encerram o texto, que são o "pé da matéria". A mudança, nesse caso, fica restrita à abordagem do tema: aos discursos acessados na representação da pobreza. Ainda assim, o tratamento do tema é abstrato, sem referir experiências individuais, sem considerar a questão vivencial. Isso indica uma continuidade, relativa a padrões da ordem do discurso da mídia tradicional, em termos de estilos.

Exemplo de caso diferente é o texto "A história se repete", de Mariana Schreiber e Luciano Rocco, jornalistas, membros do corpo editorial da revista *Ocas"*, publicado na edição nº 70, de março/abril de 2010. Assim como no exemplo anterior, a estrutura genérica tradicional de reportagem se mantém no que tange ao caráter formal; no entanto, há a priorização da representação de pessoas em situações de rua, que ocupam os primeiros espaços do texto e cujas subjetividades são trazidas por meio de citações diretas e indiretas de suas falas, o que instancia polifonia, intertextualidade e abertura para a diferença. Entendemos que a configuração intertextual é parte do potencial genérico, e aqui, portanto, a seleção de fontes jornalísticas – que resulta nas vozes articuladas na reportagem – indica mudança genérica, mas também alteração no estilo, já que subjetividades drasticamente diferentes do observado na mídia tradicional (por exemplo, RESENDE, 2012) são postas em jogo ao se privilegiar a perspectiva vivencial. Já o pé da reportagem é reservado para membros do governo, cujas subjetividades também são trazidas ao texto, mas como forma de complementação às informações aportadas pelas pessoas em situações de rua que foram entrevistadas.[3]

Por fim, como terceiro caso, podemos retomar o texto "Ânimo e luta estão presentes no DF", de Antônia Cardoso Abreu e Jacinto Mateus Oliveira, membros do Movimento Nacional da População de Rua, coordenação do Distrito Federal (MNPR-DF), que colaboraram para a edição nº 201 de setembro de 2011 do jornal *O Trecheiro*. O texto traz novidades no que tange ao gênero: trata-se de texto que ocupa espaço da seção "Direto da rua", destinada a opiniões de pessoas com trajetórias de rua, e apresenta uma notícia, mas no formato de carta-manifesto. Os potenciais genéricos de coluna de opinião, de matéria jornalística e de carta-manifesto são mesclados no texto dos membros do MNPR-DF. De maneira similar, os discursos articulados são alternativos em relação àqueles tradicionalmente veiculados pela grande

---

[3] Não ignoramos que a parte final do texto é reconhecida como zona focal, uma área textual da maior relevância, pois carrega a informação que mais se retém após a leitura (PARDO, 2011). Entretanto, entendemos que essa configuração é subvertida em textos midiáticos, pelo contexto específico de consumo desses textos, em que muitas vezes a leitura não prossegue até o final da matéria, especialmente no caso de textos que seguem o padrão em pirâmide. Daí o cerne do texto noticioso ser o seu início.

mídia, sendo explícito o posicionamento pela causa de pessoas em situações de rua. E, por fim, igualmente no que concerne ao estilo utilizado, há diferenças significativas que se apresentam como consequências das alterações em gênero e discurso, e da abertura desse espaço discursivo a não jornalistas.

As análises desses e de outros textos publicados em *Ocas"* e em *O Trecheiro*, somadas à análise macroestrutural dos periódicos, em Acosta (2012), nos permitem sugerir a emergência de uma nova ordem discursiva, específica do jornalismo de defesa civil em contextos organizacionais de resistência. Na próxima seção, apresentaremos uma análise dos padrões de acesso aos espaços discursivos nas duas publicações, o que também se associa ao ordenamento do discurso nesses ambientes institucionais.

Acesso a espaços discursivos na ordem de discurso do jornalismo de defesa civil

Tanto *Ocas"* quanto *O Trecheiro* apresentam vias alternativas para a produção de significados sobre situações de rua e criam/ocupam um espaço discursivo que incrementa o debate sobre temas sociais, possibilitando a compreensão da pobreza extrema sob outro prisma: o das próprias pessoas que se encontram em situações de precariedade. Esse tipo de produção midiática abre espaço para interesses de populações empobrecidas, sendo a feitura de seus textos resultado do trabalho conjunto de pessoas em situações de rua e das que se alinham a sua causa – professores, jornalistas, assistentes sociais, entre outros (ACOSTA, 2011). Por sua vez, no caso dos veículos da grande mídia, todo o processo é exclusivo aos funcionários das empresas, ficando apenas alguns espaços, como "Cartas do leitor", por exemplo, abertos a textos de não especialistas. Nesse sentido, a práxis tradicional opõe-se ao praticado por periódicos como *Ocas"* e *O Trecheiro*.

Van Dijk (1996, p. 85-6) explorou amplamente a análise dos padrões de acesso aos espaços discursivos. Para o autor, é crucial, para estudos em ADC, investigar como se dá a negociação dos espaços midiáticos, entendendo que:

> Um elemento crucial na reprodução discursiva do poder e da dominação é o acesso ao discurso e a eventos comunicativos. A esse respeito, discurso é semelhante a outros recursos sociais valiosos que fundamentam a base do poder e aos quais há uma distribuição desigual do acesso. Nesse sentido, nem todos/as têm igual acesso à mídia ou a textos e falas médicas, legais, políticas, burocráticas ou acadêmicas.

Alguns critérios devem ser considerados na análise do acesso a espaços discursivos, com base nas questões "Quem pode falar ou escrever para quem, sobre o quê, quando e em que contexto?" e "Quem pode participar em determinados eventos comunicativos e ocupando que papéis?" (VAN DIJK, 1996, p. 86). Pelo mapeamento dos volumes de 2009 a 2012 dos periódicos *Ocas"* e *O Trecheiro*, Acosta (2012) verificou a recorrência de cinco atores sociais "padrão" que ocupam as posições de produtores de texto nas publicações. Essa recorrência evidencia a existência de "condições de elegibilidade" (VAN LEEUWEN, 2008, p. 10) para escrever para as publicações, bem como a definição do acesso aos espaços discursivos abertos pelas publicações por parte de seus editores.

Para compreender como se configura esse acesso, Acosta formulou um *continuum* que vai dos atores sociais mais institucionalizados para os menos institucionalizados, no que se refere às posições que ocupam nas práticas de que participam (dentro do escopo das publicações e em suas atividades fora desse contexto). Nesse *continuum*, entendem-se como mais institucionalizados os diretamente ligados às publicações, integrando-as, e menos institucionalizados os que contribuem para as publicações, mas não integram seus recursos humanos mais diretamente. Vejamos na Figura 2.5 o esquema sintético para o *continuum* proposto.

Figura 2.5 – Continuum de produtores/as de texto das publicações conforme o grau de institucionalização das posições que ocupam nas práticas de que participam

	+ Institucionalizados		– Institucionalizados		
Posição na prática	Membros dos corpos editoriais das publicações	Colaboradores acadêmicos ou ligados ao governo ou a organizações	Colaboradores membros de movimentos sociais	Colaboradores artistas, escritores, livres pensadores	Colaboradores sem vinculação a movimentos
Relação com a rua	Atores sociais sensíveis às causas de pessoas em situações de rua		Atores sociais com trajetórias de rua		

Fonte: Acosta (2012, p. 163).

A concentração dos textos publicados em *Ocas"* e em *O Trecheiro* dá-se na esfera da produção de atores sociais mais institucionalizados: a maior parte dos textos é produzida pelos editores das publicações, sendo que, em sua maioria, respondem aos gêneros jornalísticos: matérias, reportagens e editoriais. Já os textos produzidos por atores que não são ligados diretamente aos corpos editoriais são, em sua maioria, textos que atualizam gêneros menos especializados, tais como colunas de opinião, missivas, poemas, entre outros. É possível, desse modo, verificar uma relação entre posição ocupada na prática, espaço discursivo e gênero, o que é mais uma evidência da configuração de "ordens de discurso" integradas à prática da produção de jornais e revistas voltados para as situações de rua sob a perspectiva do jornalismo de defesa civil. A Figura 2.5 não ilustra apenas quem ocupa a posição de produtor de texto nas publicações; também informa sobre as características compartilhadas pelas diferentes categorias de atores sociais que escrevem para as publicações. Assim, por meio dos textos, é possível vislumbrar alguns dos critérios em jogo para que essas diferentes categorias de atores possam efetivamente ser autores em *Ocas"* e em *O Trecheiro*.

Para Van Leeuwen (2008), as "condições de elegibilidade" são condições a que um ator social deve atender para poder desempenhar um papel determinado em uma prática social particular. Associando essa perspectiva à análise dos padrões de acesso, é possível delimitar condições de elegibilidade para que atores sociais ocupem a posição de produtores de texto nas práticas de produção das publicações *Ocas"* e *O Trecheiro*, garantindo acesso a espaços discursivos.

Para ser autor de um texto, e assim assumir espaços discursivos abertos nas publicações, é necessário, a todos os atores, independentemente da posição que ocupem nas práticas, ter um grau de letramento relativamente elevado e estar alinhado com a causa de pessoas em situações de rua e de precariedade. Essas são as duas condições básicas de elegibilidade, mas há outras que variam conforme a posição ocupada pelos atores sociais. Nessa perspectiva, como não é de estranhar em contextos organizacionais, ser membro das ONGs Organização Civil de Ação Social (OCAS) ou Rede Rua configura-se como a condição de elegibilidade para assumir o posto de maior poder dentro das publicações: fazer parte do corpo editorial. Essa é uma posição de poder porque são esses atores que definem as pautas e os espaços discursivos, e que negociam o acesso de outros atores à posição de autoria dentro das publicações – seja pelo convite aos parceiros para que produzam textos para integrar as publicações ou pela seleção de textos já publicados em outras mídias (principalmente as virtuais, como blogs e redes sociais) cuja temática tenha pertinência para a ação macro das publicações.

O segundo grupo de pessoas que ocupa a posição de autoria de textos é constituído por atores sociais integrados à academia, cuja posição, *a priori*, constitui, igualmente ao grupo anterior, uma das condições de elegibilidade. A segunda condição permanece como a sensibilidade a problemáticas sociais, principalmente aquelas ligadas às situações de precariedade, o que pode ser evidenciado pelo teor e pelo tratamento dado a essas questões nos textos desses atores (ACOSTA, 2012). Existe também a necessidade de alinhamento com as causas defendidas pelas publicações, por exemplo, o direito à moradia digna. Isso permite vislumbrar a definição de um poder de seleção do que e de como será publicado nos espaços discursivos, havendo uma harmonização dos pontos de vista veiculados pelas publicações, sob a tônica do jornalismo de defesa civil que caracteriza, em linhas gerais, suas ações macro. Nesse sentido, as publicações não diferem da grande mídia, que também busca coerência com linhas editoriais politicamente informadas, e faz desse alinhamento condição de elegibilidade para a publicação de textos.

O terceiro grupo que foi mapeado é o de atores sociais com trajetórias de rua. Para esse grupo, o fato de viver ou ter vivido as problemáticas das situações de rua faz com que essas sejam as principais fontes das informações que serão veiculadas nos textos. Nesse sentido, ter estado ou estar em situações de rua acaba por ser a configuração de uma condição que permite o acesso aos espaços discursivos. No que se refere à possibilidade de ter textos publicados, essa condição de elegibilidade (trajetórias de rua, para o terceiro grupo) equivale às posições de membro das ONGs (para o primeiro grupo) e de membro da academia (para o segundo), o que, em certa medida, pode indicar o deslocamento do eixo de poder de que dispõem jornalistas e pesquisadores para pessoas que, em outras práticas sociais, não poderiam exercer o poder discursivo da autoria.

Considerações finais

Neste capítulo, apresentamos uma síntese da teoria social do discurso, especificamente de suas formulações ontológicas acerca do funcionamento social da linguagem, defendendo o discurso como possibilidade de acesso a práticas sociais particulares. Nesse sentido, entendemos que as ordens de discurso e suas hibridações proveem acesso epistemológico para pesquisas com foco em contextos organizacionais de resistência, e ilustramos essa perspectiva com resultados de pesquisa sobre a revista *Ocas"* e o jornal *O Trecheiro*, realizada no âmbito de projeto integrado que investigou cinco publicações orientadas para as situações de rua.

Os resultados que apresentamos mostram o hibridismo e a emergência de ordens de discurso como uma das facetas desses ambientes organizacionais que visam promover a resistência a modos particulares de opressão, nesse caso, vinculada a classe social. Também salientamos as condições de elegibilidade para acesso a espaços discursivos como parte da ordem discursiva híbrida que estudamos pela via das duas publicações.

Ainda que não tenhamos – pelos limites próprios a um capítulo como este – apresentado análises textualmente orientadas, ressaltamos que a especificidade dos textos veiculados nas publicações se delineia não somente nos gêneros materializados, mas também nos demais elementos da ordenação discursiva. Assim, essa especificidade evidencia-se também nos discursos e estilos articulados. Do mesmo modo, a ordem de discurso que emerge no hibridismo entre mídia e mobilização social por Direitos também preconiza novos padrões de acesso aos espaços discursivos.

Acreditamos que o tipo de investigação sociodiscursiva que exemplificamos aqui, à luz de conceitos desenvolvidos no campo interdisciplinar da ADC, pode favorecer estudos de outros contextos organizacionais de resistência, ligados a classe, gênero, geração, etnia ou mesmo ao relevante cruzamento dessas categorias transversais.

71

Capítulo 2 » Análise de discurso crítica: reflexões sobre a investigação discursiva de contextos organizacionais de resistência

Referências

ACOSTA, M. P. T. *A porta da rua, serventia de quem?* – Análise discursiva crítica de textos do jornal *O Trecheiro*. Relatório de Pesquisa de Iniciação Científica (Linguística). Brasília, 2011.

_____. *Protagonismo face à inevitabilidade da violência*: vozes da rua em *Ocas"* e em *O Trecheiro* – análise de discurso crítica. Brasília: Universidade de Brasília, 2012. Dissertação de Mestrado (Linguística). Universidade de Brasília, Brasília, 2012.

BAKHTIN, M. *Estética da criação verbal*. São Paulo: Martins Fontes, 2000 [1953].

BHASKAR, R. *The possibility of Naturalism*: a philosophical critique of the contemporary Human Sciences. Hemel Hempstead: Harvester Wheatsheaf, 1989.

_____. Societies. In: ACHER, M. et al. (orgs.) *Critical realism*: essential readings. Londres; Nova York: Routledge, 1998. p. 206-57.

BOURDIEU, P. *O poder simbólico*. Rio de Janeiro: Bertrand Brasil, 2011 [1989].

CHOULIARAKI, L.; FAIRCLOUGH, N. *Discourse in late modernity*: rethinking Critical Discourse Analysis. Edimburgo: Edinburg University Press, 1999.

FAIRCLOUGH, N. *Discurso e mudança social*. Brasília: Universidade de Brasília, 2001 [1992].

_____. *Analysing discourse*: textual analysis for social research. Londres: Routledge, 2003.

_____. A dialectical-relation approach to critical discourse analysis in social research. In: WODAK, R.; MEYER, M. (orgs.). *Methods in critical discourse analysis*. 2 ed. Londres: Sage, 2008.

_____. *Critical discourse analysis*: the critical study of language. Harlow: Longman, 2010.

FOUCAULT, M. *A ordem do discurso*. São Paulo: Loyola, 2010 [1971].

_____. *A ordem do discurso*: aula inaugural no Collège de France . São Paulo: Loyola, 2012 [1972].

HALLIDAY, M. A. K. *Introduction to functional grammar*. Londres: Edward Arnold, 1985.

HARVEY, D. *Condição pós-moderna*. São Paulo: Loyola, 1992.

KRESS, G.; VAN LEEUWEN, T. *Reading images*: the grammar of visual design. Londres; Nova York: Routledge, 1996.

MASON, J. *Qualitative researching*. Londres: Sage, 2002.

MATTIA, O.; LAZAROTTO, V. A. *Comunicação popular*: perfil, história e alternativas das falas de um povo. Caxias do Sul: Edusc, 1996.

PARDO, M. L. *Teoría y metodología de la investigación lingüística*: método sincrónico-diacrónico de análisis lingüístico de textos. Buenos Aires: Tersites, 2011.

RAMALHO, V.; RESENDE, V. M. *Análise de discurso (para a) crítica*: o texto como material de pesquisa. Campinas: Pontes, 2011.

RESENDE, V. M. *Análise de discurso crítica e realismo crítico*: implicações interdisciplinares. Campinas: Pontes, 2009.

_____. *Publicações em língua portuguesa sobre população em situação de rua*: análise de discurso crítica. Projeto Integrado de Pesquisa. Universidade de Brasília, 2010.

_____. Representação discursiva de pessoas em situação de rua no "Caderno Brasília": naturalização e expurgo do outro. *Linguagem em (Dis)Curso*, v. 12, n. 2, p. 439-65, 2012.

_____; RAMALHO, V. *Análise de discurso crítica*. São Paulo: Contexto, 2006.

SCHWARZ, R. Nacional por subtração. In: _____. *Que horas são?* Ensaios. São Paulo: Companhia das Letras, 1987.

SILVA, D. E. G. Representações discursivas da pobreza e gramática. *D.E.L.T.A.*, v. 25, p. 721-31, 2009.

VAN DIJK, T. A. Discourse, power and access. In: Caldas-Coulthard, C. R.; Coulthard, M. (org.). *Texts and practices. Readings in critical discourse analysis*. Londres: Routledge, 1996. p. 84-104.

VAN LEEUWEN, T. *Discourse and practice*: new tools for critical discourse analysis. Oxford: Oxford University Press, 2008.

WAISBORD, S. A sociedade civil pode mudar o jornalismo? A experiência do jornalismo de defesa civil na América Latina. *Brazilian Journalism Research*, Brasília, v. 5, n. 1, 2009. Disponível em: <http://bjr.sbpjor.org.br/bjr/article/view/192/191>. Acesso em: 13 mar. 2014.

Capítulo 2 » Análise de discurso crítica: reflexões sobre a investigação discursiva de contextos organizacionais de resistência

FUNDAMENTOS QUE ORGANIZAM UMA ANÁLISE DO DISCURSO: O ATO DE LINGUAGEM E O SUJEITO DA COMUNICAÇÃO

Ida Lucia Machado

Para abordar melhor o objeto deste capítulo, ou seja, o ato de linguagem ou o ato de comunicação e os diferentes sujeitos ou instâncias que o assumem, cabe-nos lembrar como tais preocupações teóricas surgiram e quem as interpretou como organizações ou fundamentos de uma teoria analítico-discursiva comunicacional – a Semiolinguística – e como os conceitos dessa teoria, aparentemente tão simples, originam-se de um vasto estudo ligado às condições de produção do discurso, à sua movimentação social e ao seu grau de maior ou menor influência no mundo das trocas comunicativas. Uma teoria traz sempre algo de outras dentro de si. É por isso que propomos ao leitor uma pequena **viagem ao passado** (recente) da Análise do Discurso (AD), enquanto disciplina e fonte de estudos diversos.

Comecemos respondendo à questão: "Há uma ou várias análises do discurso, enquanto disciplinas?" Se durante certo tempo, sobretudo no Brasil, as iniciais AD referiam-se a uma única análise do discurso, aquela criada e desenvolvida por Michel Pêcheux, na França no final dos anos 1960, com o correr dos anos, outras maneiras de estudar o discurso surgiram e hoje reivindicam seu estatuto de pertencimento aos estudos discursivos. Partindo dessa perspectiva, é possível dizer que não há uma única AD no momento atual, mas um apanhado de teorias ou correntes que foram paulatinamente conseguindo seus partidários e, em solo brasileiro, se adaptaram às necessidades e ambições de diferentes pesquisadores. Insere-se no presente caso a Teoria Semiolinguística de Patrick Charaudeau, linguista francês que concebeu tal teoria já em sua tese de doutorado (1977) e, alguns anos depois, a divulgou no livro *Langages et discours* (1983). Vários outros livros e artigos seguiram-se a essa primeira publicação, escritos pelo linguista e por membros da equipe que ele formou na França, em seu Centre d'Analyse du Discours de Paris 13, bem como trabalhos produzidos por membros de equipes formadas no Brasil ou em outros países da América Latina.

Sobre essa teoria ou corrente de estudos, podemos dizer, para começar, que tem a particularidade de não ser **pura**, isto é, não decorre de uma **única voz linguística**.[1] Na verdade, nenhuma corrente de estudos discursivos pode pretender tal estado de coisas. Desse modo, parece-nos natural e mesmo proveitoso que uma teoria de AD – não importa qual – se forme por meio da reunião de várias ideias ou noções. No caso da Semiolinguística, nela percebemos conceitos fundadores vindos de alguns teóricos franceses, como Benveniste, Greimas etc., e também outros, de igual importância, vindos de teóricos ingleses, tais como Goffman, Grice, Austin, Searle, e, pairando sobre todos eles, apraz-nos ver a presença luminosa de ideias de Bakhtin, nos discursos veiculados nesta ou naquela situação de comunicação, nesta ou naquela cultura.

Em outras palavras, a Semiolinguística é uma corrente de análise do discurso que preza aquisições vindas da Etnometodologia, da Antropologia, da Pragmática etc. Enfim, como já tivemos ocasião de dizer, reúne ideias criativas a outras **pinçagens** teóricas e não nega assim ter um fundamento **antropofágico** (no sentido metafórico e simpático da palavra).

No entanto, antes de analisarmos o "porquê" e o "como" dos já falados **atos de linguagem** que formam uma das bases importantes da teoria, cabe-nos considerar o sujeito pesquisador em análise do discurso. Em nossa opinião, tal sujeito deve ter, por definição, um espírito crítico, ou seja, algo que permita que ele mantenha um olhar **não conformista** sobre o mundo que o envolve, e que não se deixe levar por ideias feitas; enfim, deve existir nele

---

[1] Sabe-se que uma "única voz linguística" é uma ilusão. Citemos nosso próprio exemplo, aqui e agora: para discorrer sobre o que nos foi proposto neste capítulo: fomos levados a utilizar algumas ideias ou sintagmas (nossos ou de Charaudeau) já divulgados em outros escritos. Seguindo conceitos ligados à polifonia, diríamos que mesmo *nossa voz* ou *nossas palavras*, quando retomadas, já não são mais as mesmas, pois vão fatalmente conter a voz de *outro* ou de *outros* que as utilizaram antes de nós. Assim, cada vez que emitimos atos de linguagem em diferentes situações discursivas, produzimos novos acontecimentos linguageiros. Em outras palavras, diremos que este capítulo reúne ideias por nós propostas desde 1991. No entanto, ao reassumi-las, não podemos nos esquecer do fato de que estamos trabalhando com palavras que *já viveram, que já se impregnaram de sentidos outros* e que vão agora penetrar em outro mundo de palavras: o deste capítulo e o desta coletânea.

algo de **subversão** e mesmo certo olhar irônico, com o qual analisará os fatos e ditos do mundo. É justamente esse **algo mais** que conduzirá tal pesquisador a examinar um grupo de enunciados – ou textos – produzidos sobre determinado assunto, desejando neles encontrar os fios condutores de sua produção e de suas transformações. Assim agindo, esse pesquisador levará em conta a diversidade social, mas também a diversidade cultural dos locutores que assumem dado tema para suas trocas comunicativas. Desse modo, nosso sujeito-pesquisador refletirá sobre ditos que podem dar lugar a reflexões proveitosas, mas também estará apto a lançar um olhar crítico sobre aqueles que são tidos como "verdades únicas"[2] por mera força de uso repetido; inúmeros ditos nada mais são que simples **arranjos linguageiros** que acabam – ou não – se esvaziando de sentido.

Vamos abrir um parêntese para explicar melhor o que entendemos por tal sintagma. Para nós, um **arranjo linguageiro** é algo bastante subjetivo e depende da cultura, do lugar social e da época na qual determinado locutor se insere ao tentar se comunicar com seus eventuais parceiros. Já notamos que, na França, alguns "arranjos", tais como *Je suis morgan de toi* (Sou louco por você), foram usados durante algum tempo e por certo grupo social para, depois, serem substituídos por outros ou terem seu uso cristalizado em outros contextos. Nos dias de hoje, *Morgan* é uma *griffe* feminina francesa e suas publicidades impressas apresentam com frequência o enunciado *Morgan de toi*. Poucos sabem a origem da palavra francesa *Morgan* que, segundo o que pudemos apurar, pertenceria ao mundo linguageiro dos marinheiros. No Brasil, ainda que seguindo um caminho inverso ao do exemplo francês, destacamos a expressão *Não é nenhuma Brastemp*, que vigorou na linguagem cotidiana dos anos 1990 para depois cair no esquecimento. Tal expressão veio do discurso publicitário para depois ser assumida para fins diferentes: passou a ser usada como uma **modalidade de apreciação** para designar aspectos **não positivos** de diferentes objetos ou pessoas, em diferentes circunstâncias, afastando-se completamente dos objetivos publicitários da marca de eletrodomésticos Brastemp. Tanto o exemplo francês quanto o brasileiro são frutos de arranjos lexicais que diferentes culturas produzem para um fim e que a vida das palavras leva para outros fins. Assim, certas expressões são **esvaziadas** de seus primeiros conteúdos.

---

[2] Nossas aspas são irônicas: não acreditamos que possa haver uma teoria de AD que mostre mais a "verdade" dos ditos e escritos de determinado autor que outra. Todas tentam, é claro, mostrar as conclusões de suas análises e interpretações, mas não existe uma "verdade única" no domínio da interpretação das palavras do "outro". Mesmo porque este "outro" é também clivado, dividido, como suas palavras.

Fechemos o parêntese e voltemos às teorias do discurso sobre as quais gostaríamos de fazer algumas reflexões: as de Pêcheux, o fundador da disciplina na França e também no Brasil, e as de Charaudeau, ambos já citados no princípio deste capítulo. Geralmente, embora exista o hábito de se situar a primeira teoria no **polo norte** e a segunda no **polo sul**, pelas grandes diferenças entre as duas, nota-se curiosamente que similitudes não deixam de existir entre os dois teóricos: em uma hipótese que aqui ousamos levantar, acreditamos que as aquisições do primeiro teórico não deixaram de fazer parte das leituras do segundo.[3] O que é normal: para se estudar a AD de origem francesa, há que se ler e estudar Pêcheux, ontem, hoje, amanhã.

No caso de Pêcheux, conforme Machado e Mendes (2011), "[...] o modo de conceber tal análise discursiva foi introduzido no Brasil durante o difícil período da ditadura militar, no final dos anos 1960, início dos anos 1970, com a tradução das obras do pensador francês para o português". E ainda:

> [...] o quadro teórico e metodológico de Pêcheux permitiu que fossem realizadas análises centradas nos discursos do poder, desvelando ideologias dominantes e buscando um caminho de liberdade nos meios acadêmicos e entre todos aqueles que estudavam os discursos políticos na época: o trabalho de Orlandi configura-se assim como um trabalho de resistência (MACHADO; MENDES, 2011).

Se Pêcheux é o fundador da AD na França, Orlandi é, sem dúvida, a fundadora da AD no Brasil, como já foi dito. Deve-se, porém, reconhecer que seus colaboradores vindos de diferentes universidades do Brasil contribuíram para que a teoria ganhasse um lugar de destaque nos estudos ligados às Ciências da Linguagem. Ainda segundo Machado e Mendes (2011), pode-se dizer que a dupla **linguagem e ideologia** fornece as palavras-chave da análise discursiva de Pêcheux (AD).

Resumindo bem, uma vez que o assunto foi largamente discutido em diversas publicações, esta teoria conhece três fases:

1. A chamada AD1, como a exploração metodológica da noção de maquinaria discursivo-estrutural (PÊCHEUX, 1990, p. 311).

2. A AD2, que trata da justaposição dos processos discursivos à tematização de seu entrelaçamento desigual (PÊCHEUX, 1990, p. 313).

---

[3] Que foram sutilmente assinaladas na tese de doutorado do professor João Bôsco Cabral dos Santos, em 2000.

3. A AD3, com a emergência de novos procedimentos da AD, pela desconstrução das maquinarias discursivas (PÊCHEUX, 1990, p. 315).

A primeira fase, também conhecida como **Análise Automática do Discurso**, revela os procedimentos para uma análise dos arquivos[4] com base em uma compilação de enunciados que determinaria a incidência de sentidos produzidos em dado discurso, considerando aspectos de suas condições de produção, associados à recorrência desses enunciados nos arquivos. Na segunda fase, que coincide com a época de concepção da obra *Les verités de la Palice* (Semântica e Discurso) ocorre quando Pêcheux introduz em suas reflexões a existência de um processo de subjetividade na produção de sentidos, trazendo à discussão as noções de formação discursiva e interdiscurso. Por fim, na terceira fase, Pêcheux traz à baila a noção de discurso vinculada à noção de acontecimento, considerando, também, o papel das heterogeneidades enunciativas e dos espaços de memória discursiva como elementos constituintes da constituição do sujeito e da emergência dos discursos.

Nota-se ainda, nesta análise do discurso, que várias abordagens são permitidas, ou seja, é uma **teoria aberta**, quanto ao instrumental teórico, o que, sem dúvida, a enriquece e garante seu sucesso. Observa-se também que, nos últimos anos, foi designada pela sigla AD ou como "Escola Francesa de Análise do Discurso" (MAINGUENEAU, 2002) ou ainda como ADF (Análise do Discurso Francesa).

Um grande líder e teórico libertário como Pêcheux não poderia desaparecer deste mundo ainda tão cedo sem deixar certa comoção e sem desestabilizar um movimento – mais que uma teoria – como a AD por ele difundida. Ora, talvez por esse motivo, talvez por causa de um uso abusivo ou exagerado do termo **ideologia**, talvez pelo estabelecimento de um *status quo* político sem tantas lutas de classe na França, talvez por exigências da própria academia em face do temor que a palavra **ideologia** podia provocar, talvez por todas essas razões – o que não podemos afirmar com certeza, apenas pressupor –, o termo **ideologia** foi um pouco **apagado** ou **esvaziado**, e a teoria fundadora da AD recuou em seu país de origem.[5] Seja como for, Pêcheux, por sua inteligência, ousadia científica e, mais que isso, carisma, mesmo sem estar mais aqui neste mundo, deu forças à continuação da análise do discurso, em um belo fenômeno de arborescência. Várias teorias surgiram e entre elas vamos aqui destacar, como já anunciamos no início do capítulo, a Teoria Semiolinguística, criada pelo linguista Charaudeau.

---

[4] Tomados nesta época como conjunto de elementos (textos, documentos, recortes, entrevistas, entre outros), foram traduzidos em uma materialidade linguística, que configurasse evidências para análise de determinado discurso.

[5] Continuou, entretanto, forte e abrindo novos caminhos no Brasil.

Em seus passos iniciais, essa forma de estudar discursos adotou principalmente os vindos da publicidade e do discurso de imprensa, o que teve como consequência tanto para a teoria, quanto para seu autor e para seus seguidores brasileiros, uma "explosão" de críticas variadas. Uma delas dizia respeito ao mascaramento, senão ao silêncio em torno do discurso político e da ideologia que realmente não figuravam (claramente) nos primeiros escritos de Charaudeau. Todavia, à medida que a situação política na França foi mudando, a teoria também expandiu seu campo de ação. Desde 2005, Charaudeau sentiu a necessidade de abri-la para o discurso político. Quanto a alguns seguidores brasileiros da Teoria, estes já os estudavam há mais tempo e aplicavam a Teoria Semiolinguística, **transgressivamente**, fugindo de uma obediência cega ao mestre, no entanto, por nós tão admirado. Entre alguns dos **suaves transgressores**, citemos: Machado, Santos, Menezes, Mendes, Mello, Galinari. Esses pesquisadores se adentravam desde que lhes foi possível no discurso literário, na ficção, na política e na ideologia. Foi isso que quisemos dizer em publicações recentes (MACHADO, 2010, p. 203-31; MACHADO; MENDES, 2011): as teorias francesas em contato com os trópicos fatalmente sofreram mudanças e transgrediram suas **diretrizes básicas**, o que não deixa de ser enriquecedor para ambas as partes: a dos **transgressores** e a dos **transgredidos**.

Note-se que, nos dias de hoje, no âmbito da Teoria Semiolinguística, o estudo de documentos políticos foi totalmente assumido por Charaudeau e pelos diversos pesquisadores que apreciam a teoria. De modo geral, pode-se dizer que essa se presta à análise dos diferentes discursos sociais e suas variantes, de uma cultura para outra, e foi este o ponto de partida para que nela incluíssemos o estudo de diferentes *corpora*: o literário, o jurídico, o político, o didático, não menosprezando, é claro, os discursos midiáticos, ricos repositórios de discursos da sociedade.

Explicando melhor: em palestra recente, Santos[6] declarou que sempre viu a presença do conceito **ideologia** na Teoria de Charaudeau, ainda que o termo não fosse claramente citado na época em que realizou um aprofundado estudo sobre ela, em seu doutorado (2000). Segundo o pesquisador, Charaudeau sempre afirmou que sua teoria era centrada nas trocas linguageiras, no âmbito dos discursos sociais produzidos por determinado grupo ou povo. Muito bem; no entanto, Santos lembrou que os discursos sociais são ligados à cultura deste grupo ou deste povo; esta cultura é

---

[6] Palestra sobre a *Teoria Semiolinguística*, realizada em 21 de novembro de 2012, pelo professor doutor João Bôsco Cabral dos Santos, para os alunos do Programa de Pós-Graduação em Estudos Linguísticos da Faculdade de Letras da Universidade Federal de Minas Gerais (Fale/ UFMG), no curso ministrado pela professora Ida Lucia Machado intitulado *Seminário de TP em AD: a Teoria Semiolínguistica e sua aplicação em diferentes* corpora.

resultante de uma reunião de instituições que dão a essa os meios de existir; estas instituições são ligadas a um poder político; este poder político, finalmente, é ligado a uma ou mais ideologias.

Pessoalmente, entendemos também a Teoria Semiolinguística sob esta perspectiva: nela, o homem é visto como um ser social, condicionado pela cultura e pelas ideologias do lugar que assume em sua vida pública e particular. Seu *modus vivendi*, sua maneira de agir e falar são reveladores disso. Porém, seu lado psicológico e emocional lhe garante uma autonomia enquanto sujeito que assume diferentes modos ou estilos para se comunicar na vida em sociedade. Em resumo: para nós, o sujeito da Semiolinguística, pelo menos o que adotamos, é um sujeito nem completamente individual, nem completamente coletivo: ele busca manter um equilíbrio entre as duas partes.[7]

O que queremos dizer com isso é que houve certa adequação teórica ou uma aproximação entre os conceitos de Pêcheux e os de Charaudeau, sobretudo – e insistimos nesta afirmação – em terras brasileiras, com o correr dos tempos. A rigidez separatista que durante tantos anos aqui existiu, transformou-se, felizmente, em maturidade científica.

Voltemos ao criador da Semiolinguística. Para Charaudeau (1995, p. 110), a reflexão semiolinguística passa pela **Pragmática**, pela **Psicologia** social, pela **Enunciação**, pela **Retórica** e pela **Argumentação**, e, conforme o *corpus* abordado, ou conforme **os objetivos do pesquisador**, por uma **socioideologia**. E, mais recentemente, segundo as próprias palavras do pesquisador ao descrever a sua *mise en scène* do ato de linguagem:

> No que me diz respeito, inspirei-me de T. Todorov, de G. Genette e R. Barthes. T. Todorov no livro *Qu'est-ce que le structuralisme* quando opõe 'relato relatado', procedimento de enunciação da narrativa. G. Genette, com sua oposição entre "extra" e "intra" diagético que distingue "leitor virtual" (intra) e "leitor real" (extra) e distingue também "autor" de "narrador". R. Barthes, por sua vez, chama "seres de palavra" todos os sujeitos que aparecessem em uma narrativa (CHARAUDEAU, 2013).[8]

---

[7] Trata-se de um ponto de vista por nós criado e sustentado, desde que começamos a publicar artigos sobre a Semiolinguística, em 1991.

[8] Tradução livre do original em francês: "Pour ce qui me concerne, je m`étais inspiré de T. Todorov, de G. Genette et R. Barthes. T. Todorov dans *Qu'est-ce que le structuralisme* oppose le « récit raconté », procédé de mise en énonciation du récit, G. Genette, avec son opposition « extradiégétique/intradiégétique », distingue « lecteur virtuel »(intra-) et « lecteur réel »(extra-), et du même coup « auteur »et « narrateur ». R. Barthes, pour sa part nomme « êtres de parole »tous les sujets qui apparaissent dans un récit" (CHARAUDEAU, 2013, p. 48).

Seja como for, saindo da teoria para a aplicação analítica de uma prática discursiva, acreditamos que são os objetivos do pesquisador que vão guiar seus passos em meio a todos os discursos sociais que dele demandam uma interpretação. Um bom guia para que o pesquisador não se perca nesse emaranhado discursivo pode ser representado pelos conceitos que a Semiolinguística sustenta, e entre eles o do ato de linguagem, pois como vimos, sua filiação teórica é rica e variada: lembremos, porém, que foi Charaudeau quem concebeu esta criação teórica que é a Semiolinguística e nela acrescentou seu toque de mestre, ousando nomear os sujeitos ou instâncias deste ato.

Ato de linguagem ou ato comunicativo: algumas reflexões

Para Charaudeau, toda comunicação realizada em determinado meio social e cultural se desenvolve dentro de uma problemática da alteridade: o sujeito-falante somente se define e somente se comunica quando se dirige a **outro** sujeito; este **outro** pode não aparecer diretamente no ato de linguagem, mas sempre estará inserido nos projetos de fala do sujeito falante – ou comunicante –, o que nos conduz diretamente aos conceitos de Benveniste, para quem, simplificando bem, todo **eu-locutor** traz em si um **tu-alocutário**.

De acordo com a Teoria Semiolinguística, os discursos são produzidos por sujeitos que têm basicamente duas identidades: uma identidade sociológica ou psicossocial, e uma identidade que resulta das particularidades do discurso e que é por este construída. A teoria em pauta postula, então, que todo ato de linguagem depende de um sujeito que é, ao mesmo tempo, externo e interno à linguagem e que esta dupla posição se realiza por meio de um jogo de correspondências e também, de um jogo de simulação, encenação.

A constituição de um ato de linguagem pode ser percebida por um simples e já conhecido esquema, proposto por Charaudeau (1983, p. 20) e que, aqui, voltamos a reproduzir, traduzindo-o para o português:

$$A \text{ de } L = (\text{Explícito} + \text{Implícito}) \; C \text{ de } D$$

No caso, **A de L** propõe uma abreviação para **ato de linguagem**; **C de D**, para **circunstâncias do discurso**, quais sejam: tudo o que nos motiva a produzir e enunciar este ou aquele ato de linguagem, nesta ou naquela situação e lugar, de acordo com nossos estados emocionais, e, sobretudo, em relação a pessoa ou interlocutor que nos motiva a produzir tal ato.

Em outras palavras, o ato de linguagem se faz pela junção do explícito que o veicula, de sua parte concreta, visível, que é, no entanto, intimamente associada à parte implícita do ato, ou seja: a que se situa em um **não visível**, mais ou menos perceptível. Esse "mais ou menos" é o que constitui o verdadeiro *hic* da questão: a interpretação de tal implícito é talvez uma das origens de tantos desentendimentos na comunicação e pode levar aquele que emitiu o ato de linguagem a tentar retificá-lo, refazê-lo e mesmo tentar explicar o implícito que o envolvia e que promoveu a falta de harmonia na troca de palavras, operação que não é sempre fácil nem linear...

Por mais paradoxal que isso pareça, a questão principal com a qual o ato de comunicação se depara está na própria comunicação realizada pela linguagem ou por uma forma de linguagem. Tentemos explicar um pouco mais a questão. Em primeiro lugar, há que se pensar que não existe uma autonomia da linguagem, algo como "Falo a mesma língua de meu interlocutor logo posso me comunicar com ele". Grande engano! Vejamos esta reflexão de Journet (1995, p. 19) sobre o sentido dos atos de linguagem e de suas mensagens:

> Se o sentido das mensagens depende do contexto, das situações presentes e anteriores, do que outros disseram antes, e de elementos implícitos mais ou menos acessíveis ao destinatário, então a comunicação verbal não se restringe somente à combinação de um léxico e de uma sintaxe (JOURNET, 1995, p. 19).[9]

Sobre esse autor, observamos que não basta o desejo de informar algo a alguém, por meio da linguagem, para que sejamos compreendidos. Isso porque "[...] comunicar, mais que querer transmitir uma informação é fazer chegar uma intenção" (JOURNET, op. cit., p. 19). E essa intenção pode ser facilmente desviada do desejo de seu emissor inicial. A linguagem não é transparente, e as palavras que compõem um ato de linguagem são carregadas de sons, intenções e vozes vindas de ecos remotos; elas podem despertar no receptor a memória de outros contextos em que as mesmas palavras foram ditas com intenções diferentes das que agora ele escuta e por vozes outras que é aquela que agora lhe fala. Se, por um lado, a memória dos **ditos** constitui um excelente e econômico dado para os usuários de uma língua, por outro, conforme certas ocasiões, pode se revelar embaraçosa. Isso, porque somos comandados em nossas interpre-

---

[9] Tradução livre do original em francês: "...communiquer, ce n'est pas tant transmettre une information que faire aboutir une intention" (JOURNET, 1995, p. 19).

tações dos atos de linguagem por nossas emoções e nossas disposições físicas e também por nossas lembranças. Diríamos, então, que o ato de comunicar é uma ação que envolve uma intenção de convencer e seduzir o outro, nosso ouvinte ou leitor, e que tal ação pode dar muito certo, mais ou menos certo, um pouquinho certo ou nada certo! É por isso que alguns professores dizem às vezes: "Se X (a classe, o conjunto de alunos de determinada aula) compreender 30% do que eu expliquei, já ficarei feliz!" Trata-se de um professor desiludido com a profissão? Nem sempre. É que ele está consciente de que, por melhor que seja a preparação de sua aula, por mais que ele tenha estudado para isto, por mais simpático que seja etc., há circunstâncias mais ou menos imponderáveis ou imprevisíveis que podem prejudicar um **todo** que poderia dar mais certo.

O jogo entre o explícito e o implícito do ato de linguagem pode encerrar mais mistérios comunicativos que aqueles que a simples razão faz crer. O explícito representa uma transcrição visível, concreta e, de certo modo, **palpável** do ato de linguagem, no que diz respeito ao léxico, à sintaxe, à combinação de signos: o ato de linguagem pode ser lido, ouvido ou sentido. Por sua vez, o implícito, como o próprio termo o revela, subentende ideias **mascaradas**, que contêm um desejo tramado nos meandros de um **projeto de fala ou de escrita**, situado no mundo das ideias. E essas são forjadas de uma maneira peculiar. Em resumo, as ideias que viram palavras e são transmitidas pela linguagem para determinado interlocutor visam a um objetivo que pode não ser assim tão claro para este: em primeiro lugar, porque a organização mental do **sujeito-comunicante**, às vezes, não lhe fornece tempo suficiente para **organizar**, de modo convincente ou coerente sua fala ou o ato que vai representá-la; em segundo lugar, porque, nem sempre, o sujeito em pauta se sente bem ao enunciar tal ato de linguagem, na medida em que são inúmeras as sensações físicas que podem fazê-lo desviar-se de seu projeto de fala inicial; em terceiro lugar, o pensamento nunca é linear e sua **tradução** por meio de sinais comunicativos não é também, forçosamente, linear, seja na comunicação escrita, seja na falada. Incluímos nesta última não só as conversas face a face, como também comunicações telefônicas ou pela internet: é sabido por todos que mensagens que são enviadas em grande quantidade, no decorrer de algumas horas de trabalho diante do computador, podem parecer enigmáticas, agressivas, incoerentes, bizarras para aqueles que as recebem. Enfim, podem provocar uma série de conflitos decorrentes das diferentes subjetividades postas em jogo: a do sujeito que comunica ou tenta comunicar algo, a dos sujeitos que recebem a comunicação e tentam interpretá-la.

Em suma, a comunicação entre partes é algo muito difícil. E estamos falando de comunicação na mesma cultura. Ora, quando nos vemos em uma situação comunicativa, em outra cultura, por mais que conheçamos a língua da cultura, poderemos enfrentar situações embaraçosas, por falta de uma vivência cotidiana com os usos linguageiros e com suas contínuas mudanças, por falta de um estar/viver *in loco*. Compreendemos, agora, porque a teoria Semiolinguística foi tantas vezes acolhida com frieza, por certo público, sobretudo quando apresentávamos o esquema enunciativo de Charaudeau como o **carro-chefe** da teoria. Assim, pode-se dizer que

> Charaudeau faz uma abordagem polifônica ao postular a existência de quatro sujeitos no ato de linguagem. São eles: EUc ou "eu-comunicante": é o indivíduo real, exterior ao texto, logo colocado em um espaço psicossocio-situacional; é um sujeito empírico, de carne e osso, o escritor ou locutor que, para se expressar, aciona um EUe ou "eu-enunciador", que é um "sujeito de palavra", um "ser de papel", que "existe" graças à fala ou à escritura. É ele que é o responsável pelos efeitos que o uso da linguagem pode ter sobre o sujeito-interpretante (leitor ou ouvinte). O EUe cria/fala/escreve para um TUd ou "tu-destinatário" ideal, também pertencente ao mundo da fala ou escritura do "eu-enunciador"; em toda enunciação nunca há um "EU" sem um "TU", ou seja, o "TU" ideal faz parte integrante da enunciação feita pelo "EU". Ora, o objetivo do EUc/EUe é o de fazer com que as interpretações dadas ou estimadas como possíveis a tal destinatário-ideal coincidam com as do destinatário real, o TUi, ou seja, o "tu-interpretante", leitor ou ouvinte real, exterior ao texto como o é o EUc, pertencendo, como este, ao espaço externo, espaço psicossocio-situacional (MACHADO, 2001, p. 53).

Não negamos que essa afirmação, interpretação nossa de um dos conceitos da Teoria Semiolinguística possa ser válida, se for para mostrar – de modo simples e rápido – como há uma divisão entre os sujeitos que coordenam os atos de linguagem, tanto os que o emitem quanto os que o recebem. No entanto, acreditamos, agora, que ela merece algumas retificações. Para começar, contestamos hoje o que dissemos de modo um tanto quanto dogmático sobre o sujeito ou **eu-comunicante**: sim, ele pode ser representado por um "sujeito real", "de carne e osso", mas ele pode também ser representado por uma entidade maior, um "eu" não muito palpável, de acordo com as diferentes situações de comunicação. Como afirmava Charaudeau:

> [...] o sujeito pode ser considerado como um lugar de produção da significação linguageira, para o qual esta significação retorna, a fim de constituí-lo. O sujeito não é pois nem um indivíduo preciso, nem um

ser coletivo particular: trata-se de uma abstração, sede da produção/ interpretação da significação, especificada de acordo com os lugares que ele ocupa no ato linguageiro (CHARAUDEAU, 2001, p. 30).[10]

No caso de uma publicidade: temos um **eu-comunicante** (hoje dizemos **sujeito-comunicante**) variado, múltiplo: o desenhista ou fotógrafo da imagem, o escritor do texto que a acompanha, a empresa que produz a publicidade etc. Temos uma instância de produção de sentido. Logo, nossa explicação de 1992 nos parece agora simplista e redutora e merece ser retificada.

Além disso, o enunciado final da mesma citação, por nós também sublinhado, mostra alguns problemas. Acreditamos que eles estejam centrados no uso indevido do verbo "coincidir". Mesmo quando o ato de linguagem é perfeitamente compreendido pelo receptor em suas primeiras, segundas e terceiras intenções, é difícil haver **coincidência perfeita e total** entre os parceiros da comunicação. O que pode existir é uma **sintonia, uma harmonia** que torna favorável a passagem do ato de linguagem do **sujeito-comunicante** para o **sujeito-interpretante**. Como afirma Charaudeau (2001, p. 32), não existe simetria entre as atividades do **sujeito-comunicante** e as do **sujeito-interpretante**; logo, não pode haver "coincidência" no âmbito da compreensão comunicativa, mas sim um desejo de boa vontade que faz com que determinado sujeito tente compreender o que o outro diz ou escreve... ou não.

No entanto, a transmissão de um ato de linguagem é envolvida por um anseio ou por uma ilusão de que é possível realizar uma comunicação perfeita entre os pares. Se, como dissemos há pouco, uma **sintonia** pode existir, mesmo quando ela ocorre, não atingirá a perfeição, pois cada ser comunicante tem sua visão do mundo e um modo próprio de assimilar este mundo, segundo suas práticas sociais.[11] O ato de linguagem é movido, pois, repetimos, por uma intenção, mas nem sempre ela alcança o ouvinte ou o leitor como seu emissor imaginou que alcançaria. A mente humana é bastante complicada e se, frequentemente, **ilude** o próprio locutor/criador do ato de linguagem, o que se dirá, então, em relação à compreensão daquele que o recebe?

E tudo se complica ainda mais se tal ato, em sua origem, comportar alusões, ironias... O que queremos dizer com isso é que o implícito de um ato de linguagem corresponde à metáfora de uma floresta densa, mesmo para aquele que fabrica esse ato, pois ele pode ser manipulado pelo seu próprio inconsciente.

---

[10] O artigo de Charaudeau foi traduzido e publicado em português em 2001, mas o original em língua francesa foi escrito em 1984.

[11] Lembrando que esse social acaba por atingir o cultural e daí o institucional, o político e o ideológico, segundo a afirmação de Santos (2012), por nós relatada anteriormente.

No âmbito da AD, talvez seja mais viável se estudar o ato de linguagem pelas suas visadas,[12] que podem ou não ser atingidas. Vemos, então, o ato de linguagem como algo concreto, algo pelo qual se tenta transmitir ideias e influenciar pessoas, e, ao mesmo tempo, como algo fluido, que guarda sempre uma parte de mistério e comporta certas **máscaras**, no que diz respeito a sua concepção, bem como a sua absorção ou recepção pelo outro. Na verdade, tudo depende do público, como diriam Perelman e Olbrechts-Tyteca (1958). Há públicos predispostos a aceitar determinados atos de linguagem, outros não. Há públicos que mesmo não estando dispostos a aceitar determinados atos de linguagem são deles convencidos pela **aura** ou pelo **carisma** que, às vezes, envolve seu enunciador e que emana de seu *ethos* (prévio, discursivo ou os dois reunidos) e que pode **seduzir** seus ouvintes.

Por outro lado, o implícito do ato de linguagem é intertextual e intercultural. Ele pode ser percebido por uns, ignorado por outros. Observemos a seguir dois casos de atos de linguagem contendo uma forte dose de ironia e vejamos como a AD pode interpretá-los.

Atos de linguagem ou atos comunicativos: uma tentativa de ilustrar o que foi dito

Em pesquisa que agora se aproxima de seu fim, abordamos trechos de discursos de Luiz Ignácio Lula da Silva, presidente do Brasil de 2002 a 2010 (dois mandatos). Utilizamos alguns desses atos de linguagem neste capítulo, os quais estão contidos em dois trechos de discursos do ex-presidente (KAMEL, 2009, p. 151; 387-388):

> (i) Eu confesso uma coisa a vocês, eu tive a impressão, quando cheguei ao Governo, que o Brasil era como uma casa. Vocês já entraram numa casa em que você chega no banheiro e a descarga não está funcionando, a torneira da pia está com um monte de pano enrolado e está pingando, vazando, quando na verdade uma borrachinha para consertar custa, acho, 10, 15 centavos? O Brasil é um pouco isso (21/10/2004 – Rio de Janeiro. Posse da diretoria da Federação das Indústrias do Estado do Rio de Janeiro – Firjan).

---

[12] **Visadas** seria uma possível tradução para *visées*, termo francês proposto por Charaudeau (2001). Tal termo não é um perfeito substituto para **objetivos**, **finalidades**; ele está mais ligado ao desejo de se passar ou de se veicular uma intenção: uma visada é o desencadeador de uma **intencionalidade**.

(ii) Este país já viveu momentos muito difíceis, e os mais velhos, da nossa idade, Mino, [...] viveram um tempo da receita de bolo nos jornais. Nós vivemos o tempo do pensamento único neste país, em que era proibido falar contra, e agora estamos outra vez: é proibido falar a favor. Quer dizer, nós mudamos do oito para oitenta com uma facilidade enorme (06/11/2006, São Paulo-SP. Premiação das Empresas mais Admiradas no Brasil).

É preciso explicar que estamos aqui considerando **como atos de linguagem** trechos retirados de um discurso maior. O então presidente do Brasil discursa dirigindo-se a dado público, em ocasiões determinadas: sua fala está inserida em uma situação de comunicação, motivada por circunstâncias do discurso específicas, já assimiladas por nossa cultura.

O **sujeito-comunicante** Lula usa algumas estratégias comunicativas dignas de análise. Podemos considerar que elas se inserem no que chamaríamos **jeito Lula de falar**: direto e coloquial. O discurso assume o tom de uma conversa entre amigos, entre parceiros. Há um desejo muito grande de troca e de que essa seja feita com palavras não complicadas. É o discurso de um homem que, mesmo tendo vivido inúmeras situações que poderiam ter possibilitado uma mudança de estilo e tom, mantém aquele que o elegeu, que é o mesmo com que se fez respeitar como sindicalista antes de sua vida política.[13] Como afirma Barros:

> Os discursos de Lula constituem um bom exemplo de produção de efeitos de sentido de oralidade e de "popularização" da linguagem, devido, principalmente, à diversidade de valorização que esses discursos sofrem na mídia e na sociedade em geral (BARROS, 2009, p. 59).

E logo depois, a teórica completa explicando que:

> Com metáforas, parábolas, comparações ou sem nenhum tipo de figura, a fala de Lula é, em geral, dita popular, por razões diversas. Vários procedimentos nos discursos do presidente produzem efeitos de oralidade e de "popularização" da linguagem (BARROS, 2009, p. 60).

---

[13] Sabemos que os cargos moldam os homens e suas falas, assim como suas experiências de vida, de modo geral. No caso de Lula, digamos que ele hoje é outro, mas, ainda sim, é sempre o mesmo. Não houve mudanças radicais no seu discurso enquanto expressão de um ser comunicativo. "Não se mexe em time que ganha" diz o ditado popular, e Lula sabe que seu jeito simples e direto de falar conquista públicos diversos no Brasil e no exterior.

Vejamos o que está implícito em (i). Para começar, Lula usa uma comparação para falar do governo, visto como "uma casa". E uma casa que não está funcionando bem, que precisa de reparos, consertos. Surgem, então, as metáforas do governo que não funciona bem: a pia que pinga, a descarga que não funciona... O que não é dito explicitamente é que o governo anterior ao de Lula não deixou "a casa", ou seja, o Brasil, em bom estado, quando poderia tê-lo feito. A ironia de (i) tem um alvo: Fernando Henrique Cardoso, que precedeu Lula.

No âmbito de um discurso político como o do ex-presidente Lula, o uso de tais figuras parece brincar de **esconder A para desvelar B. B**, nesse caso, é bem didático e sugere um ensinamento, uma tomada de consciência. A ironia de Lula não aponta claramente para a solução do problema, mas dá a entender – no implícito deste ato de linguagem – os caminhos que podem ser seguidos para que a situação seja consertada.

Em resumo, (i) enquanto ato de linguagem vem mostrar o lado popular do discurso de Lula – comparar o governo com uma casa estragada – e também sua ironia mordaz, ao tentar fazer o outro – aquele que lhe serve de alvo – entender uma lição que vamos traduzir livremente por estas palavras: "Você não consertou o país, quando, no entanto, meios não deviam lhe faltar."

Em (ii), o implícito está em primeiro lugar, na cumplicidade que Lula faz questão de mostrar com o editor brasileiro Mino Carta: seu ato de linguagem é em uma primeira etapa a ele dirigido: "[...] os mais velhos, da nossa idade, Mino [...]" e, em uma segunda etapa, tal ato se endereça a outros interlocutores: o público ou os leitores desse discurso.

Voltemos a Mino Carta: como Lula e outros brasileiros da esquerda, ele tem sua concepção do que foram "os tempos difíceis", os "anos de chumbo" da ditadura militar no Brasil. Em sua fala, Lula usa uma metáfora para falar da censura da imprensa nessa época: era um período em que podíamos ler nos jornais "receitas de bolo" (mas não notícias sobre os mandos e desmandos ou sobre os atos cruéis dos generais e seus ministros). Aparece, então, na fala de Lula, um provérbio bem ligado a *vox populis*: "Mudar de oito para oitenta". De acordo com Barros, veremos aí um emprego popular da linguagem, a inclusão de uma "frase pronta" (BARROS, 2009, p. 63) no discurso. Todavia, mesmo assim, em (ii) há que se ser brasileiro (residente no país) ou estar vivendo no Brasil já há algum tempo para se chegar ao sentido do ato de comunicação de Lula. Vemos, então, que atos de linguagem que incluem figuras de linguagem, provérbios e certas "formas breves" podem ser facilmente compreendidos em uma cultura específica, mas não em outra.

No entanto, existem competências para se alcançar tais sentidos? Para Charaudeau (2001), a resposta é afirmativa: para torná-la operacional, ele propõe a noção de **competência linguageira**, na qual a **competência** é subdividida em três: situacional, discursiva e semiolinguística. Vejamos a seguir rapidamente a função delas.

(i) **A competência situacional** exige que todo sujeito-comunicante e interpretante possa construir seu discurso em relação à **identidade** do parceiro da troca, à **finalidade** da troca, ao **tema** que está sendo tratado e às **circunstâncias materiais** da troca.

(ii) **A competência discursiva** exige que todo sujeito que comunica e interpreta seja capaz de usar e de reconhecer os procedimentos de encenação discursiva que podem aparecer para "driblar" a "dureza" do quadro contratual e que são três: **enunciativo, enuncivo** e **semântico**. Os enunciativos se referem às atitudes enunciativas do sujeito falante em face da situação de comunicação. Dizem respeito também à imagem que tal sujeito quer dar dele mesmo e à imagem que ele atribui ao outro, seu interlocutor. Os **enuncivos** são os equivalentes aos "modos de organização do discurso": o modo descritivo, que consiste em saber nomear e qualificar os seres do mundo, com visadas objetivas ou subjetivas; o modo narrativo, que consiste em saber descrever as ações decorrentes de certas buscas empreendidas por diferentes "actantes" para atingir o que procuram no mundo da narração; o modo argumentativo, que consiste em saber organizar as redes de causalidade explicativas dos acontecimentos, organizar as provas do "verdadeiro", do falso ou do verossímil. Os procedimentos de **ordem semântica** se referem ao que os cognitivistas chamam de "saberes cognitivos mutuamente partilhados" (SPERBER; WILSON, 1989). Eles são de dois tipos: os de conhecimento e os de crença.

(iii) **A competência semiolinguística** exige que todo sujeito inserido em uma situação de comunicação seja apto a usar e a reconhecer a forma dos sinais (letras do alfabeto de uma dada língua, mímica ou gestos, desenhos etc.), suas regras combinatórias e seu sentido, sabendo de antemão que tais sinais são usados para exprimir uma situação de comunicação, que está ligada aos dados do quadro situacional e às restrições da organização discursiva (CHARAUDEAU, 2001).[14]

---

[14] Traduzido e adaptado pelos autores para aula ministrada no PosLin/Fale/UFMG, dia 25/10/2010.

Se o ouvinte ou leitor do trecho do enunciado (ii) do discurso de Lula tiver tais competências, conseguirá chegar ao implícito deste, ou seja, atingir o que é possível ser representado mais uma vez, livremente, por nós, em relação a esse ato de linguagem, dentro de um raciocínio semiolinguístico:

> A imprensa, com raras exceções – como a da revista *Carta Capital*, de Mino Carta –, não valoriza o que eu, Lula, faço para o país enquanto presidente, já que certos jornais são contra meu governo e criticam todas as minhas ações (KAMEL, 2009, p. 387).

Em uma visão global, a ironia do ato de linguagem (ii) é uma ironia amarga, uma quase constatação de descaso por parte de alguns líderes da imprensa brasileira para com o **sujeito-comunicante**, aqui representado por Lula. Nesse caso, o provérbio que ele insere em sua fala, e que é dirigido aos jornais que estavam contra seu governo, assume a função de difusor da ironia. Quem "muda de oito para oitenta" não pode ser levado a sério. A ironia se reveste aqui de tom satírico.

Algumas palavras para concluir

O que tentamos mostrar neste capítulo é que o ato de linguagem é o resultado do esforço mental de um **sujeito-falante** ou **comunicante** que ajusta ou organiza o léxico de uma língua de forma mais ou menos coerente, para obter estes ou aqueles resultados, para causar certa impressão ou certa influência no outro: o sujeito de um ato de linguagem é sempre movido por uma visada. Para tanto, o ato de linguagem se forma por meio de uma complexa fusão de explícitos e implícitos, naturalmente ligados às condições de produção do discurso e ao *ethos* daquele que o produz. Usamos aqui alguns ditos de Lula que podem ter agradado aqueles que o prezam como político e, naturalmente, desagradado seus adversários, o que mostra a amplitude interpretativa do ato de linguagem, visto como um todo.

Os discursos políticos são armas *à double tranchant*. Em outros termos, (i) e (ii) podem suscitar, segundo os ideais políticos dos ouvintes ou leitores, uma leitura **positiva** ou uma leitura **não positiva**. Para que o primeiro caso ocorra é necessário que aconteça a **sintonia** sobre a qual falamos no segmento anterior, sintonia esta que reunirá, de certo modo, **sujeitos-comunicantes** e **interpretantes**. Entretanto, no caso da ironia, há que se prever também uma possível **não clareza comunicativa**: nem sempre a ironia é percebida por todos. O ato de linguagem irônico se equilibra entre um acordo – ou não – entre pares. A ironia pode ser, então, solidária ou solitária. Todavia, não será este também o destino de (quase) todo ato de linguagem ou pelo menos da maioria?

Referências

BARROS, D. L. P. de. Linguagem popular e oralidade: efeitos de sentido nos discursos. In: PRETTI, D. (org.). *Oralidade em textos escritos*. São Paulo: Humanitas, 2009. p. 41-72.

CHARAUDEAU, P. *Langages et discours*. Paris: Hachette, 1983.

_____. Une analyse sémiolinguistique du discours. *Langages*, Paris, Larousse, v. 29, n. 117, p. 96-111, 1995.

_____. Uma teoria dos sujeitos de linguagem. In: MARI, H. et al. (orgs.). *Análise do discurso*: fundamentos e práticas. Belo Horizonte: UFMG, 2001. p. 23-38. (Coleção NAD/Fale/UFMG)

_____. De la compétence sociale de communication aux compétences de discours. In: COLLÈS, L. et al. *Didactique des langues romanes*: le développement des compétences chez l'apprenant. Actes du colloque de Louvain-la-Neuve. Bruxelas: De Boeck-Duculot, 2001. p. 41-54.

_____. *Le discours politique*: les masques du pouvoir. Paris: Vuibert, 2005.

_____. Ce que communiquer veut dire. *Sciences Humaines*, n. 51, p. 20-23, 2005.

_____. Histoire d'un emprunt, histoire d'une coïncidence: un hommage à Jean Peytard. In: BORG, S.; MACHADO, I. L.; SORIA-, M. (orgs.). Un hommage à Jean Peytard: précurseur de l'analyse du discours et de la didactique des langues. *Synergies Monde,* revue du Gerflint, Paris, p. 43-50, 2012; 2013.

JOURNET, N. Les linguistiques de la communication. *Sciences Humaines*, n. 51, p. 18-19, 1995.

KAMEL, A. *Dicionário Lula*: um presidente exposto por suas próprias palavras. Rio de Janeiro: Nova Fronteira/Ediouro, 2009.

MACHADO, I. L. L'analyse du discours: un atout pour le professeur de français instrumental. In: Français: l'enseignement & la recherche. *Anais do X Congresso Nacional de Professores de Francês*. Florianópolis: Imprensa Universitária da Universidade de Santa Catarina, 1991. p. 61-73.

_____. Uma teoria de análise do discurso: a Semiolinguística. In: MARI, H. et al. (orgs.). *Análise do Discurso*: fundamentos e práticas. Belo Horizonte: UFMG, 2001. p. 39-62. (Coleção NAD/Fale/UFMG)

_____. Procedimentos de persuasão e de sedução na ótica da análise do discurso. In: O ensino de Línguas Estrangeiras no Novo Milênio. *Anais do IV Seminário de Línguas Estrangeiras.* Goiânia: Faculdade de Letras/UFG, 2002. p. 50-62.

_____. A AD, a AD no Brasil e a AD do Brasil. In: DE PAULA, L.; STAFUZZA, G. *Da Análise do Discurso no Brasil à Análise do Discurso do Brasil*: três épocas histórico-analíticas. Uberlândia: Edufu, 2010. p. 203-31.

_____; MENDES, E. Avant-Propos. Numéro spécial sur: approches de l'AD et de l'Argumentation au Brésil. *Argumentation et Analyse du Discours,* revue électronique du Groupe ADARR, Tel Aviv, n. 7, 2011.

MAINGUENEAU, D. Ecole Française d'Analyse du Discours. In: CHARAUDEAU, P.; MAINGUENEAU, D. (sous la direction de) *Dictionnaire d'Analyse du discours.* Paris: Seuil, 2002. p. 201-2.

PÊCHEUX, M. A Análise de Discurso: três épocas. In: GADET, F.; HAK, T. (orgs.). *Por uma análise automática do discurso*: uma introdução à obra de Michel Pêcheux. Campinas: Unicamp, 1990. p. 311-18.

PERELMAN, C.; OLBRECHTS-TYTECA, L. *Traité de l'argumentation.* Paris: Presses Universitaires de France, 1958.

SANTOS, J. B. C. *A TS e sua aplicação em diferentes corpora.* Palestra ministrada no curso do Programa de Estudos Linguísticos da FALE/UFMG, 21 nov. 2012.

_____. *Por uma teoria do discurso universitário institucional.* Tese em Análise do Discurso, Programa de Pós-Graduação em Estudos Linguísticos da Fale/UFMG, 2000. cap. 2 e 3.

SPERBER, D.; WILSON, D. *La pertinence.* Paris: Minuit, 1989.

CONTRIBUIÇÕES DA TEORIA LINGUÍSTICA À ABORDAGEM DA CULTURA E COMUNICAÇÃO ORGANIZACIONAL

Maria José Guerra

A língua, a linguagem, a cultura e as organizações

Língua, linguagem e cultura são conceitos distintos que se implicam mutuamente. Há várias concepções para língua e linguagem, dependendo da base epistemológica que se adote; porém, se deixarmos de lado a metalinguagem própria de cada uma das teorias, observaremos que há vários pontos de convergência entre essas diversas abordagens e que, guardados os devidos cuidados que devem ser obedecidos de acordo com os preceitos da metodologia científica, encontraremos conceitos e modelos, na maioria das vezes não excludentes, que auxiliam a apreensão, análise e interpretação dos processos comunicacionais e da cultura nas organizações.

Os estudos sobre a linguagem oferecem uma base preciosa para que possamos dar conta não apenas da compreensão da cultura e comunicação organizacional, mas da gênese de muitas abordagens que estão presentes nos modernos estudos sobre o tema, algumas delas com objetivos que pretendem avançar no sentido de uma visão menos instrumental e mais analítica, recuperando preceitos também menos voltados à razão instrumental e aliados a uma óptica ligada à dimensão histórica do conhecimento e à difícil constituição das relações entre o objetivo e o subjetivo (CHAUÍ, 2001).

Analisaremos aqui, de forma panorâmica, como o percurso das ideias linguísticas pode auxiliar a compreensão da cultura e comunicação organizacional e de que forma é possível estabelecer relações conceituais entre a Teoria da Linguagem e os estudos de Ciências Sociais Aplicadas que embasam as pesquisas sobre as corporações.

As bases no pensamento clássico: a razão e o pensamento

Comecemos pelos primeiros estudos ocidentais sobre a linguagem com os gregos. Torna-se oportuno, desde o início, precisarmos que o pensamento clássico compreendia a razão como a própria constituição do pensamento lógico – o *logos*, o discurso; lembrando que a racionalidade como forma de dominação e como forma de previsibilidade, de acordo com Adorno e Horkheimer (1975), é uma decorrência da retomada da razão nos moldes propostos pelo Iluminismo, portanto, diferente da razão no mundo greco-romano.

Para os clássicos, a língua é compreendida como formalização do pensamento racional, e eles dividiam as reflexões sobre o tema em dois campos: a retórica e o domínio da lógica filosófica. A primeira cuidando do discurso que se cumpre pela eficácia; e a segunda, abarcando o que viria a se constituir mais tarde como gramática tradicional.

Temos aí questões como a denominação em Platão e as categorias aristotélicas que embasaram os estudos gramaticais durante séculos; embora os gregos ainda não considerassem a gramática como disciplina.

Mais tarde, no século 17, sem os limites impostos pela fé na Idade Média e à luz do pensamento cartesiano, temos a constituição de uma gramática como método – a Gramática de Port-Royal – a *Grammaire générale e raisonnée*, de Arnauld e Lancelot – relacionada com a ideia grega de língua como expressão da razão:

> [...] tendo os homens necessidades de signos para exteriorizar tudo o que se passa em seu espírito, é indispensável que a distinção mais geral seja que uns signifiquem os objetos dos pensamentos e outros a forma e o modo de nossos pensamentos [...] (ARNAULD; LANCELOT, 1992, p. 29).

Percebemos, desde os estudos fundadores, proposições e conceitos fundamentais para uma análise consistente sobre linguagem nas organizações. Algumas dessas proposições merecem ser destacadas; assim, sublinharemos aqui dois pontos relevantes. O primeiro referente à própria concepção de língua como expressão do pensamento – ideia essa resgatada por Noam Chomsky em *Linguagem e pensamento* (1973). Na comunicação e na cultura corporativa, cabe à língua que é falada no cotidiano das organizações o papel de formalizar – dar forma – aos valores, crenças, objetivos, metas, enfim, a tudo aquilo que perpassa a consciência racional daqueles que fazem o dia a dia da empresa. Assim, a língua faz muito mais que circular informações; é ela própria que atualiza e concretiza a existência racional da empresa.

O segundo ponto a ser sublinhado está relacionado com as categorias aristotélicas, as quais, mais adiante, vieram a constituir a distinção gramatical entre nomes e verbos e entre modalidades do ser e do fazer (BENVENISTE, 1976, p. 68-94). É preciso notar que aquilo que muitas vezes é utilizado em Administração de Recursos Humanos – gerando reflexos nos aspectos relativos à cultura organizacional – como habilidades e competências, se submetido a uma análise mais minuciosa, pode ser configurado das modalidades e, consequentemente, das antigas categorias de Aristóteles subjacentes à estrutura gramatical da linguagem. Dada habilidade – uma modalidade do fazer – pressupõe determinada competência – uma modalidade de estado, do ser – e isso está inscrito na língua, configurado por uma estrutura gramatical internalizada que permite a expressão inteligível do pensamento racional.

Cabe observar brevemente aqui que as noções de competência e habilidade encontram também relações nas teorias linguísticas contemporâneas. Há pelo menos duas teorias que, embora de maneiras diversas, abordam conceitos que podem aprofundar, de modo consistente; os fundamentos teóricos sobre habilidade e competências; são elas: a Gramática Gerativa de Noam Chomsky, com os conceitos de competência e performance; e a Semiótica Discursiva.

Há, de volta aos modelos clássicos, várias possibilidades de análises que podem ser elaboradas das concepções fundadoras dos estudos linguísticos que deixam claro, desde já, que se estudada com a devida profundidade, a língua é muito mais que um instrumento na comunicação organizacional, algo que vai além de uma ferramenta de trabalho; pois, é ela própria quem consolida as relações lógicas do pensamento subjacente ao fazer cotidiano das corporações.

É necessário lembrar ainda, com relação ao pensamento clássico, as questões ligadas à retórica. Estas ficaram durante um bom tempo esquecidas e foram sendo recuperadas a partir da segunda metade do século 20 com estudos de vulto de autores como Tzvetan Todorov, Umberto Eco, Heinrich Lausberg, Chaïm Perelman, Roland Barthes e outros preocupados em resgatar as contribuições clássicas à Análise do Discurso, especialmente as referentes às relações de persuasão e convencimento. Tanto a retórica clássica quanto a chamada nova retórica trazem aspectos imprescindíveis para a abordagem da comunicação corporativa.

A retórica clássica define alguns conceitos que são de extrema importância para a compreensão dos processos comunicacionais nas organizações. Há, segundo os clássicos, a criação de um *ethos* e de um *pathos* por um *logos*, este, o próprio discurso. O *ethos*, de acordo com Aristóteles, não remete à dimensão real do orador, mas à imagem discursiva que este orador constrói de si. O *pathos* está relacionado com a imagem discursiva que o enunciador faz do público. A harmonia entre *pathos* e *ethos*, a própria incorporação do *pathos* no *ethos*, determina a eficácia discursiva. Assim, o discurso comporta marcas da relação entre o *pathos* e o *ethos*, cabendo à análise discursiva desvendar e traçar caminhos que indiquem qual a forma mais adequada, mais harmoniosa, para se estabelecer as relações entre eles.

Observa-se, então, que os mecanismos de comunicação organizacional – falando hoje em pesquisas de opinião do público interno e outras técnicas em moda e, muitas vezes, de caráter extremamente quantitativo – podem, de forma mais incisiva, recorrer à retórica como meio de harmonizar as relações entre atores – os porta-vozes da corporação – e públicos. É no discurso e pelo discurso que se constroem relações corporativas e que se constitui a identidade corporativa de atores – o *ethos* – e públicos – o *pathos*. É preciso uma análise e uma interpretação mais fina dessas relações entre o *pathos* e o *ethos* para que se possa, por meio das construções discursivas, chegar a um bom termo na interação entre os públicos nas organizações.

Nessas poucas considerações sobre os fundamentos clássicos dos estudos da linguagem, podemos observar que as bases estão lançadas. As tendências contemporâneas na linguística e na análise do discurso fazem avançar o que foi lançado no pensamento clássico; e, mesmo contando com as novas dimensões impostas pela perspectiva saussuriana – língua como comunicação – e pela perspectiva pragmática – língua como ato de linguagem –, não se pode deixar de lado esses fundamentos propostos pelo mundo clássico. Isso nos faz lembrar que o saber em Ciências Humanas e Sociais exige certo cuidado no que se refere a ser tachado de ultrapassado. Os novos meios de comunicação eletrônica e a volatilidade das informações – reprodutíveis com a digitalização e voláteis com a velocidade de circulação (HERSCHMANN; PEREIRA, 2002) – muitas vezes nos iludem, fazendo-nos confundir informação e conhecimento. A presença dos fundamentos clássicos nos estudos contemporâneos sobre a linguagem nos alerta sobre tais questões.

Língua, cultura e sociedade

A perspectiva de língua como expressão e formalização do pensamento racional vai ser alterada pelo Mestre de Genebra, Ferdinand Saussure, que, ao definir a língua como fato social – com forte influência de Émile Durkheim –, situa a dimensão linguageira no seio das relações sociais e como fundadora do próprio convívio social:

> Mas o que é a língua? Para nós ela não se confunde com a linguagem; é somente uma parte determinada, essencial dela, indubitavelmente. É, ao mesmo tempo, um produto social da faculdade da linguagem e um conjunto de convenções necessárias, adotadas pelo corpo social para permitir o exercício dessa faculdade nos indivíduos (SAUSSURE, 1975, p. 17).

Saussure destaca o papel da língua como comunicação – "o exercício dessa faculdade nos indivíduos". Temos aí, inicialmente, uma distinção decisiva: a linguagem como uma faculdade humana, e a língua como um exercício social dessa faculdade dos homens. Vários autores seguem essa perspectiva e nos falam dessa faculdade humana. Destacaremos aqui alguns deles que nos ajudam a perceber essa dimensão que a linguagem comporta nas questões do homem.

Um importante autor a ser destacado é Émile Benveniste (1976). Na obra *Problemas de Linguística Geral*, Benveniste segue a mesma distinção saussuriana relativa à linguagem como faculdade universal que se realiza nas línguas, "sempre particulares e variáveis" (1976, p. 20), e ressalta duas propriedades essenciais da linguagem. A primeira referente à função modelizante da linguagem, isto é, a propriedade da linguagem que a faz produzir e reproduzir a realidade por meio da capacidade simbólica; e a segunda, como comunicação intersubjetiva:

> A linguagem reproduz a realidade. Isto deve entender-se da maneira mais literal: a realidade é produzida novamente por intermédio da linguagem. Aquele que fala faz renascer pelo seu discurso o aconteci-

mento e a sua experiência do acontecimento. Aquele que ouve apreende primeiro o discurso e através desse discurso, o acontecimento reproduzido. Assim a situação inerente ao exercício da linguagem, que é a da troca e do diálogo, confere ao ato de discurso dupla função: para o locutor, representa a realidade; para o ouvinte, recria a realidade. Isso faz da linguagem a própria constituição da comunicação intersubjetiva (BENVENISTE, 1976, p. 26).

Analisaremos primeiro a propriedade referente à função modelizante da linguagem. Levar em conta essa propriedade é uma questão obrigatória nos estudos de comunicação e cultura organizacional. Há vários trabalhos que se limitam a tratar da língua e da linguagem nas organizações de forma atrofiada, porque veem o problema apenas referente à eficácia com que a mensagem é emitida pelo emissor e de que forma chega ao receptor livre de ruídos. Isso é somente um aspecto da questão. Ainda de acordo com Benveniste, "a linguagem reproduz o mundo, mas submete-o à sua própria organização" (1976, p. 26). É mais uma vez necessário compreender que é na linguagem e pela linguagem que se constitui a realidade corporativa, realidade essa que se concretiza como cultura de forma a direcionar e mapear o cotidiano das organizações.

Esse poder modelizante e constitutivo da linguagem está presente também em outro autor responsável por firmar os laços entre Linguística e Antropologia. Trata-se de Edward Sapir, linguista norte-americano de origem alemã, do início do século passado. Sapir começa seus estudos como discípulo de Frans Boas, na etnografia e na etnolinguística, e leva consigo a visão que compreende a língua como recorte cultural. Junto com Whorf, formula a hipótese de Sapir-Whorf:

> Os seres humanos não vivem no mundo objetivo sozinhos, nem sozinhos no mundo da atividade social. Nós estamos em todo o nosso pensamento e para sempre à mercê da língua determinada que se tornou o meio de expressão para a nossa sociedade, porque só podemos ver, ouvir e experimentar em termos das categorias e distinções codificadas na linguagem. As categorias e distinções codificadas em um sistema linguístico são exclusivas àquele sistema e incomparáveis aos outros sistemas. É completamente ilusório imaginar um ajuste à realidade sem o uso da língua e que a língua é meramente um meio de resolver problemas específicos de comunicação e reflexão. O fato é que o "mundo real" é construído pelos fatos da língua (SAPIR-WHORF apud LYONS, 1987, p. 276).

Há aqui uma importante relação com a Antropologia. Na visão de Sapir-Whorf – e mais tarde retomada por Roman Jakobson (JAKOBSON, 1972) –, língua e cultura são pontos de vista complementares e intrinsecamente ligados. Isso está presente nas Ciências Humanas e Sociais desde os estudos de Sapir na década de 1920 até os modernos estudos da Antropologia simbólica e as questões de cultura das organizações.

O homem sempre soube do poder fundador da linguagem, que é capaz de criar uma realidade e dar vida a essa criação: essa é a capacidade simbólica. Cultura e linguagem são ambas fruto de capacidade de construção simbólica e ambas são legítima e unicamente propriedades do ser humano. Clifford Geertz, antropólogo norte-americano contemporâneo, nos esclarece sobre essa capacidade simbólica:

> Para obter a informação adicional necessária no sentido de agir, fomos forçados a depender cada vez mais de fontes culturais – fundo acumulado de símbolos significantes. Tais símbolos são, portanto, não apenas simples expressões, instrumentalidade ou relatos de nossa existência biológica, psicológica e social: eles são seus pré-requisitos (GEERTZ, 1989, p. 61).

O "fundo acumulado de símbolos significantes" a que Geertz se refere indica essa capacidade simbólica subjacente às funções conceituais, esse poder de construir representações que se confunde com o próprio pensamento. Trata-se de um poder de evocar objetos ausentes no tempo e no espaço, de operacionalizar sobre essas ausências. Desse modo, a metamorfose simbólica dos elementos da realidade e da experiência é um processo que se identifica com a própria construção da realidade corporativa, com a própria habilidade do homem em formular conceitos e submeter a condição humana à racionalidade – processo tão caro na gestão empresarial do mundo globalizado.

Nessa perspectiva, temos a Antropologia simbólica, na qual se insere Clifford Geertz, propondo a cultura como esse "fundo acumulado de símbolos significantes" que percorre e alicerça a conduta humana. Do ponto de vista da linguagem, esse alicerce simbólico pode ser compreendido como um macrotexto, cuja interdiscursividade compõe uma teia que percorre o modo de ser e agir de dada sociedade. É precisamente nesses termos que propomos as balizas conceituais para a análise da comunicação e da cultura corporativa. Toda organização formula um arcabouço de construções simbólicas que permeia o modo de ser e agir do cotidiano corporativo.

A segunda propriedade frisada por Émile Benveniste é da língua como aspecto constitutivo da comunicação intersubjetiva. Nesse ponto, é essencial ressaltar as contribuições de Mikhail Bakhtin (1988), autor que crava a perspectiva intersubjetiva no interior na história. Essa talvez seja uma das contribuições mais oportunas para a cultura e para a comunicação organizacional, na medida em que, imbuídas de propósitos imediatistas, visando sempre a metas e resultados, as organizações têm muitas vezes se esquecido de que não basta contribuir para propostas do Terceiro Setor como forma de camuflar estratégias de marketing, mas é preciso dimensionar um papel maior: o histórico.

Bakhtin propõe que o signo reflete e refrata a realidade material; isto é, a realidade objetiva é convertida em signos e passa a refratar outra realidade, a realidade histórica e ideológica. O signo, ao refratar, desvia, mascara, impregnando a linguagem de um sistema de valores. Bakhtin estabelece que a língua em si não é ideológica nem histórica; é seu caráter semiótico, sígnico e discursivo que a faz comportar toda a carga ideológica de seu momento histórico. Assim, a língua se constitui em discurso. O discurso como lugar de encontro entre as estruturas linguísticas e as estruturas históricas. A sociedade forma um universo discursivo capaz de refratar, desviar de modo a marcar ideologicamente a comunicação intersubjetiva.

É exatamente esse ponto de vista que deve ser tomado na perspectiva da comunicação organizacional. A linguagem, a comunicação, o discurso nas organizações nunca é inocente. Há sempre a ideologia do mundo globalizado, os valores do sistema neoliberal, muito mais que aqueles transcritos quando gerentes adeptos à gestão estratégica redigem missão, filosofia e valores. Estes, muitas vezes, pelo próprio caráter discursivo, desviam, mascaram, os reais valores ideológicos pautados pela competitividade e pelo lucro.

Uma análise discursiva competente da comunicação organizacional dá conta de todos esses aspectos, inclusive das contradições existentes no interior do próprio discurso.

Bakhtin vai além e expõe que a própria consciência só se dá pelo discurso e que a compreensão é sempre semiótica, ou seja, a compreensão depende não do signo isolado, mas da relação semiótica entre os signos, dos signos em relação. O encadeamento sígnico é o responsável pelo estabelecimento do valor ideológico (BAKHTIN, 1988) e pelo modo como esse valor ideológico se realiza nas consciências individuais. Dessa forma, a ideologia passa a ser um conjunto de representações que operam a reconstrução do real. Essas representações, que se elaboram sobre a realidade, formam um sistema de valores, visões de mundo que se materializam na linguagem. Essa visão de mundo corporifica-se em um estoque de signos que se combinam e marcam a maneira de pensar de uma época, de um grupo social, de uma corporação.

Forma-se, então, uma cadeia de signos, uma cadeia ideológica que perpassa as consciências. A consciência individual faz parte de um processo sígnico que reflete e refrata a realidade; consciência essa que, somente se torna realmente consciência, quando é ideológica e, portanto, discursiva. Bakhtin, desse modo, recontextualiza uma concepção presente nas Ciências Humanas e Sociais desde Hegel (1981), passando por Karl Marx (1963). Se, para Hegel, a consciência é ontológica – a consciência de si –, para Marx, ela é histórica; e para Bakhtin, a consciência é discursiva.

Esse é um valioso conceito para a cultura e comunicação organizacional. Nesses termos, temos que há uma definição objetiva de consciência como sociológica, mas que só adquire forma e existência nos signos. Essa concepção de consciência discursiva não pode ser esquecida quando se pensa em relações intersubjetivas nas organizações. A análise do discurso nas organizações é um instrumental que revela não apenas as informações que circulam pelo espaço organizacional, mas, sobretudo, é uma forma de dimensionar questões ideológicas e intersubjetivas.

Observamos que vários autores de diferentes abordagens contribuem de maneira importante para a compreensão das relações entre língua, cultura e sociedade, e que essas contribuições não devem ser negligenciadas pelos estudos de cultura e comunicação organizacional, sob a pena de elaborarmos pesquisas superficiais e redutoras, ao se ter em vista a linguagem nas organizações.

A oportuna contribuição da Pragmática

Entre todas as abordagens linguísticas que mencionamos, certamente as proposições das teorias de origem pragmática são as mais utilizadas nos estudos de comunicação e cultura corporativa. Há, sem dúvida, o aspecto pragmático, prático, de aplicação quase que imediata – o que o próprio nome já indica. Entretanto, há também o fato de que muitas dessas teorias foram desenvolvidas por britânicos e norte-americanos, os quais concentram também grande parte dos estudos sobre a Teoria Geral da Administração; além de que o próprio caráter pragmático, prático, harmoniza-se perfeitamente com modelos de gestão preocupados com comunicação objetiva e imediata, de resultados, voltada essencialmente para a eficácia administrativa.

Iniciaremos esta pequena explanação por Oxford, entre as décadas de 1940 e 1950, com John Langshaw Austin, ilustre representante da filosofia analítica, que propõe estudar o funcionamento de linguagem antes de estabelecer modelos formais lógicos. É preciso compreender a teoria pragmática no percurso das ideias linguísticas como parte de um processo de um duplo resgate: o resgate do social para a linguagem, depois dos modelos formais elaborados pela revolução sintática de Noam Chomsky; e o resgate de aspectos semânticos que estavam confinados na filosofia da linguagem desde as propostas de origem comportamentalista de Leonard Bloomfield.

A Pragmática estuda a relação entre a estrutura da língua e seus usos. Parte da ideia de que a língua constitui ato de linguagem, ou seja, de que as línguas naturais comunicam mais do que aquilo que está inscrito no enunciado. Estabelece uma proposta teórica cujos conceitos formam uma rede de relações interdependentes. Atos de fala, performativos, ilocucionários, são peças de um mesmo quadro de relações conceituais, que dão conta de analisar o que Austin denominou ilusão descritiva da linguagem (OTTONI, 1998).

Há, assim, uma distinção entre enunciados performativos e enunciados constativos. Estes dando conta da descrição de um estado de coisas e aqueles remetendo a enunciados que trazem em seu interior o agir, que por si realizam um ato. Se um diretor de uma empresa diz "Paulo é o novo gerente porque obteve os melhores resultados da equipe de vendas", trata-se de uma constatação, descreve-se um estado das coisas. No entanto, se o mesmo diretor disser "Estou nomeando Paulo para o cargo de gerente porque foi o melhor homem de nossa força de venda", não se está mais constatando algo, há mais que uma constatação: há um ato, o ato de nomear. Este ato de nomear se concretiza no instante em que o ato linguístico é realizado; ao dizer o enunciado já se pratica o ato, o ato de atribuir uma nova função, de atribuir um mérito e uma nova responsabilidade. A atribuição do mérito, o lugar de destaque é dado pelo próprio ato linguístico; isso é o que a Pragmática conceitua como "quando dizer é fazer".

Todavia, se analisarmos cuidadosamente a primeira frase, há algo implícito, camuflado no enunciado, mas está formalizada na enunciação a ideia de que se eu digo "Paulo é o novo gerente porque obteve os melhores resultados da equipe de vendas" é porque eu estou dizendo que "Paulo é o novo gerente porque é o melhor homem de vendas"; ou seja, o que estamos transmitindo é uma ilusão: na enunciação não descrevemos, mas, julgamos, estamos no enunciado iludindo o enunciatário que estamos apenas descrevendo um estado de coisas. Esta é a ilusão descritiva, esta é uma visão performativa da linguagem.

Na comunicação organizacional, o jogo entre performativos e constativos, se estudado cuidadosamente, revela uma rede de relações de poder, de formas de comando. Trata-se de um arcabouço teórico que fornece um instrumental precioso para traçar o modo como as formas gerenciais se processam nas corporações, quais são os performativos mais utilizados – *prometo, declaro, nomeio, designo, atribuo*, e tantos outros –, quais são os implícitos mais presentes nos constativos e por que há essas ordens implícitas, o que essa camuflagem enunciativa auxilia nas relações entre gerentes e colaboradores. São questões significativas que podem ser pesquisadas com conceitos provenientes da Pragmática de Oxford.

Ainda na teoria pragmática, Paul Grice, outro autor importante, trabalha com implícitos e também considera a ideia de que há na língua bem mais que aquilo que está explícito no enunciado. Grice traça os princípios gerais que regem a conversação por meio do que chamou máximas conversacionais (apud FIORIN, 2002, p. 177):

> » **máximas de quantidade**: a conversação deve conter a informação exigida, não menos nem mais.

> » **máximas de qualidade**: as afirmações devem comportar um teor de verdade, ou seja, só se deve afirmar aquilo em que se acredita e o que é passível de comprovação argumentativa.

> » **máximas de relação**: a conversação deve ser concentrada no tema que está sendo tratado, as afirmações têm de estabelecer uma relação com o assunto em pauta, evitando dispersões.

> » **máximas de maneira**: a conversação deve ser pautada pela clareza na abordagem, ou seja, é necessário falar de modo ordenado, de forma sucinta, evitando desperdício de dados a serem transmitidos e evitando também ambiguidade.

Essas máximas otimizam a conversação, impondo-lhe uma eficiência e uma eficácia tão almejadas pelas modernas formas de gestão.

Observamos, então, que, se olharmos cuidadosamente para os treinamentos em telemarketing, vemos nitidamente a voz de Grice subjacente a todos esses treinamentos, aliando máximas conversacionais a conceitos de assertividade de origem cognitivista e behavioristas; o que confirma, mais uma vez, os frutos do antigo casamento entre Taylor e Skinner na fundamentação dos modelos de administração corporativa.

Outros modelos de origem pragmática podem ser enumerados, todos extremamente úteis e presentes nas modernas formas de gestão. Os pressupostos e subentendidos de Oswald Ducrot e sua Semântica

Enunciativa; os estudos de polidez – "conjunto de procedimentos postos em funcionamento para preservar o caráter harmonioso da relação inter-pessoal" (CHARAUDEAU; MAINGUENEAU, 2004, p. 381) –; e outras abordagens são muitos favoráveis ao estudo da comunicação corporativa. Todas formam um suporte teórico que permite ao gestor da comunicação ferramentas de precisão teórica para que possa interferir nos processos comunicacionais das organizações.

Considerações finais

Esse panorama indica que o percurso das ideias na Teoria da Linguagem pode, a cada momento, contribuir de forma expressiva para que a cultura e a comunicação nas organizações possam ser pesquisadas por meio de uma fundamentação teórica sólida.

Deixamos de lado várias teorias linguísticas por mostrarem uma conceituação ampla e extremamente frutífera no que se refere às inter-relações entre cultura, comunicação e linguagem nas corporações. Isso quer dizer que cada uma dessas teorias obriga-nos a uma abordagem minuciosa, merecendo, todas, um estudo que detalhe os conceitos e os possíveis instrumentos de gestão empresarial, decorrentes desses conceitos, que poderiam ser aproveitados. Como a proposta deste capítulo é uma visão panorâmica sobre o tema, esse oportuno detalhamento está reservado para estudos posteriores.

Não poderíamos deixar de lembrar, entretanto, que a Gramática Gerativa de Noam Chomsky e a Semiótica Discursiva, ambas brevemente aqui citadas, são abordagens que merecem esse destaque de que falamos, bem como as propostas de Erving Goffman (1985), com conceitos como o de face e outras proposições importantes relativas à interação verbal.

Referências

ADORNO, T.; HORKHEIMER, M. O conceito de Iluminismo. *Os Pensadores*, São Paulo: Abril, v. 47, p. 97-124, 1975.

ARISTÓTELES. *Retórica*. Madrid: Alianza, 1999.

ARNAULD, A.; LANCELOT, C. *Gramática de Port-Royal*. São Paulo: Martins Fontes, 1992. (Tradução de Bruno F. Basseto e Henrique Graciano)

BACCEGA, M. A. (org.). *Gestão de processos comunicacionais*. São Paulo: Atlas, 2002.

BAKHTIN, M. *Marxismo e filosofia da linguagem*. São Paulo: Hucitec, 1988.

BARTHES, R. *Aula*. São Paulo: Cultrix, 1987, p. 98.

BENVENISTE, É. *Problemas de Linguística Geral*. São Paulo: Edusp – Companhia Editora Nacional, 1976.

CHANLAT, J.-F. (org.). *O indivíduo na organização*, v. 1 e 2. São Paulo: Atlas, 1996.

CHARAUDEAU, P.; MAINGUENEAU, D. *Dicionário de análise do discurso*. São Paulo: Contexto, 2004.

CHAUÍ, M. *Escritos sobre a universidade*. São Paulo: Unesp, 2001.

CHOMSKY, N. *Linguagem e pensamento*. Petrópolis: Vozes, 1973.

DRUKER, P. *Sociedade pós-capitalista*. São Paulo: Pioneira, 1993.

ECO, U. *A estrutura ausente*. São Paulo: Perspectiva, 1971, p. 98.

FIORIN, J. L. (org). *Introdução à Linguística*, v. 1 e 2. São Paulo: Contexto, 2002.

_____. *Linguagem e ideologia*. São Paulo: Ática, 1997.

FREITAS, M. E. *Cultura organizacional*. São Paulo: Makron Books, 1996.

FREITAS, S. G.; GUERRA, M. J. A linguagem comum dos linguistas e dos pesquisadores em relações públicas: resultados parciais de um trabalho interdisciplinar. In: CONGRESSO BRASILEIRO DE CIÊNCIAS DA COMUNICAÇÃO, XXVII. Porto Alegre, 2004.

GEERTZ, C. *A interpretação das culturas*. Rio de Janeiro: Guanabara Koogan, 1989.

GOFFMAN, E. *As representações do eu na vida cotidiana*. Petrópolis: Vozes, 1985.

GREIMAS, A. J.; FONTANILLE, J. *Semiótica das paixões*. São Paulo: Atlas, 1993.

HEGEL, G. W. F. *Fenomenología del espíritu*. México: Fondo de Cultura Económica, 1981.

HERSCHMANN, M.; PEREIRA, C. A. M. Comunicação e novas estratégias organizacionais na era da informação e do conhecimento. *Comunicação e sociedade*, São Bernardo do Campo, a. 24, n. 38, 2º semestre de 2002.

JAKOBSON, R. *Linguística e comunicação*. São Paulo: Cultrix, 1972.

LYONS, J. *Linguagem e linguística*. Rio de Janeiro: LTC, 1987.

MARX, K. *Economia política e filosofia*. Rio de Janeiro: Melso, 1963.

MATTOS SILVA, R. V. *Gramática tradicional e tradição gramatical*. São Paulo: Contexto, 2000.

OTTONI, P. *Visão performativa da linguagem*. Campinas: Unicamp, 1998.

PERELMAN, C.; OLBRECHTS-TYTECA, L. *Traite de l'argumentation – La Nouvelle Rhetorique*. Bruxelas: Editions de L'Université, 1970.

PIETRO, E.; PLEBE, A. *Manual de retórica*. São Paulo: Martins Fontes, 1992.

SAUSSURE, F. *Curso de linguística geral*. São Paulo: Cultrix, 1975.

WOLF, M. *Teorias da comunicação*. Lisboa: Presença, 1999.

WOOD Jr., T. *Organizações espetaculares*. Rio de Janeiro: FGV, 2001.

CAPÍTULO 5

SENTIDOS E CONTRASSENTIDOS NAS ORGANIZAÇÕES

Miguel L. Contani
Esther Gomes de Oliveira

A argumentação não é um método de regulação racional das diferenças de interesses, de apreciação; ela está na língua [...] (PLANTIN, 2008, p. 22).

Comecemos por afirmar que as deficiências de comunicação, em qualquer grupo de trabalho, nem sempre têm solução via treinamento formal ou outros modos sistematizados de estudo – embora seja inegável sua importância. Detenhamo-nos algum tempo na justificativa de tal posição: trata-se, na realidade, de reconhecer essas limitações, conhecer sua natureza e aceitar superá-las com um esforço que deve ser contínuo e coletivo. Em seu conjunto, os elementos do processo de comunicação são complexos e, no ambiente organizacional, estão sujeitos a oscilações próprias da compreensão desuniforme, dentro do grupo, sobre um mesmo assunto. O que faz sentido para uns é contraditório para outros, criando, assim, a alternância entre sentidos e contrassentidos.

O primeiro reconhecimento é o de que, ao reunir-se para realizar a tarefa, o grupo enfrenta um descompasso tanto entre seus membros, quanto na relação com a hierarquia à qual se vincula. As pessoas agem como se essa defasagem não existisse e, não reconhecendo sua existência, não se detêm a pensar em que base concreta – e no caso que estamos tratando aqui, comunicacional –

se manifesta. Há uma multiplicidade de códigos que precisam ser decifrados e traduzidos; nem sempre é encontrada essa tradução por parte de quem esteja apto a fazê-la. Impõe-se a necessidade de as pessoas se reconhecerem como tradutoras, e essa perspectiva influi na maneira de construir a realidade, de **mapear** uma situação comunicativa. A organização enfrenta outras sérias demandas, como consolidar a imagem de sua marca e dar curso à maneira particular que adota para *negociar* (persuasão; argumentação). Defronta-se com o embate entre linguagem e realidade ao determinar metas e estabelecer políticas, pois está realizando um ato de comunicação como outros também possíveis, tais como promessa, ameaça, ordem, recomendação.

A clássica visão, ainda disseminada, de que administrar é obter resultados por meio das pessoas vislumbra o fazer-fazer, que nem sempre vem associado ao fazer-compreender. Parece inquestionável, nos dias de hoje, a disposição dos administradores profissionais e das organizações em dar mais atenção ao desempenho humano no trabalho, e às condições oferecidas para que esse ocorra, mas isso impõe comunicação. A esta última vem associada à questão de derrubar o velho mito de que alguma teoria, método ou receita fará com que haja produtividade. O desafio é levar as pessoas a *funcionar*, e a palavra-chave é *cliente*. Temas como missão, visão, valores não se concretizam sem o tratamento pela via da comunicação. Depositar no treinamento formal, de modo exclusivo, as esperanças de sucesso nesse objetivo pode trazer a frustração de ter que reconhecer, mais adiante, que as relações interpessoais não chegam sequer a ser "arranhadas" como resultado de um programa de capacitação nos moldes habituais, e o ambiente de trabalho permanece sem solução para suas oscilações de natureza comunicacional: sentidos e contrassentidos, pulverizando a clareza do conteúdo das mensagens.

Há profissionais de Recursos Humanos (área que se transformou, há bastante tempo, em uma especialização) que desejam o debate, reconhecem a carência de fontes e declaram não conhecer o grau de certeza que têm a respeito do que anseiam, e de para onde sua profissão os deveria levar. Tudo o que se possa falar, lembrar, insistir, parece já não fazer eco diante do grau de comprovação que temos dos fenômenos organizacionais e de trabalho, que vinham sendo previstos: alterações nos paradigmas, introdução de novos conceitos operacionais, adoção de práticas antes consideradas exóticas ou não gerenciais. O profissional dos dias de hoje só encontra como alternativa atualizar-se ou "atualizar-se ainda mais". Desapareceu, como em um passe de mágica, a cômoda posição de gerenciar processos e pessoas por meio de etapas bem discriminadas que podiam ser repetidas, até que determinada situação fosse resolvida. Soluções que funcionaram uma vez continuavam a dar certo por longos períodos, o que fazia supor que administrar pessoas era uma ciência de caminhos fixos, bastando apenas que fossem postos em prática.

Tudo atualmente opera de modo inverso. A única convicção firme é a de que um profissional competente é aquele que sabe reconhecer o momento em que vive e antecipar-se para estar preparado e habilitado a encontrar alternativas. Em nosso país, os conceitos de mercado, antes dormentes, começam a avivar-se e a demonstrar sua força arrasadora, impossível de ser contida dentro de limites puramente racionais. Se ainda resta algum diferencial marcante nos aspectos tecnológicos, mercadológicos e de estratégia, não está tão visível. No entanto, um permanece fundamental: a essência humana, a compreensão de que gerenciar tornou-se, basicamente, saber lidar com pessoas. Essa é a principal diferença entre o sucesso ou insucesso das organizações. Trata-se da capacidade de relacionar-se com as pessoas que nelas trabalham e da habilidade de conquistar e manter as pessoas de fora: os clientes. E, para o sucesso de tal empreitada, a comunicação, em suas diversas formas, passa a ter a função de harmonizar três campos de interação, em um *continuum*, que poderíamos representar da seguinte forma:

Figura 5.1 – *Continuum* dos campos de interação

Fonte: Elaborada pelos autores.

Os contrassentidos emergem, em princípio, já na concepção que o participante tem da função de cada uma dessas dimensões e o relacionamento que esses campos estabelecem entre si. Isso pressupõe também que o agente organizacional compreenda o papel que exerce nesse relacionamento quando faz parte de uma delas, e essa compreensão deve ser evolutiva e sempre associada à experiência de tarefa. O fluxo de mensagens carrega ordens, determinações, compromissos assumidos, metas a serem cumpridas. Os códigos que as expressam têm domínios diferenciados e complementares para cada membro da equipe. A diferença na compreensão acerca desses domínios produz o contrassentido. Identificar essa diferença, porém, é uma tarefa nada fácil que, muitas vezes, não chega a ser bem-sucedida. Quantas vezes ouvimos a clássica afirmação de que não se delegam tarefas porque o tempo que levaria para explicar seria maior que o de executar por si próprio!

Uma fonte de diferença se aloja, por exemplo, entre denotação e conotação. Ou seja, um mesmo fato pode ser compreendido pelo sentido próprio das palavras (denotação) ou pelo sentido "projetado" pelas palavras (conotação). Em conotação, os termos estão, comumente, em uma relação de natureza metafórica, o que requer aptidão para fazer comparações, alinhamentos por similaridade, buscar paradigmas. Algo expresso em conotação, mas compreendido em denotação, distorce e afasta a possibilidade de entendimento; não ocorrem, no entanto, lacunas de sentido. Os agentes envolvidos continuam a se expressar, mas não se comunicam, e a execução da tarefa sofre com isso.

O domínio de códigos

Esta, no entanto, não é uma fonte exclusiva para a formação do contrassentido. O campo dos sentidos e contrassentidos é muito vasto, e seu detalhamento seria impossível nos limites desta abordagem. Em primeiro lugar, devemos considerar a diferença entre a língua falada e a escrita. Há no Brasil, atualmente, uma vasta literatura mostrando que as diferenças entre o português oral e o escrito são tantas que permitem considerar a coexistência de duas sintaxes: uma da língua falada[1] e outra da escrita. A constatação de que oralidade e escrita têm sintaxes diferentes evidencia diversos problemas no ensino da língua na escola; o aluno inicia seu aprendizado na escrita sem saber que tais distinções existem.

Os aspectos diferenciadores dos dois códigos formam um elenco relativamente amplo que não obedece a uma hierarquia de importância; no entanto, algumas características são constantemente mencionadas. Chafe (1985), por exemplo, destaca duas diferenças básicas nos processos de escrever e de falar: (a) integração da escrita, que é um processo lento, deliberado e editável, e fragmentação da fala, que se realiza no

---

[1] O propulsor dos estudos da oralidade, no Brasil, foi o Projeto NURC, que reuniu um grande número de pesquisadores e é responsável por inúmeros trabalhos que têm alavancado o surgimento de uma gramática da língua oral, cuja publicação já alcança oito volumes, desde 1991.

momento exato da produção; e (b) distanciamento da escrita, que é uma atividade solitária, e o envolvimento da fala, que acontece em um ambiente de interação social. O autor salienta, ainda, que a língua falada, dada sua evanescência, está constantemente recriando novos artifícios para sua plena concretização.

Mais que isso, o que ressalta em relação à oralidade para o ensino é a ênfase ou mesmo a escolha que a pedagogia tem feito na condução do aprendizado e do domínio da língua, aferindo superioridade à linguagem escrita em relação à falada. Assim, com referência ao ensino básico, a criança passa de seis a sete anos de sua vida aprendendo os códigos da língua falada e, ao iniciar a alfabetização escolar, são outros os códigos que têm de ser aprendidos, praticamente sem relação, ou até mesmo negando, corrigindo, os códigos aprendidos até então. Usualmente, nas escolas, a língua falada é ensinada, corrigida, retificada com base na escrita, negando-se suas características específicas.

Nesse sentido, o ensino perde com uma visão que privilegia o código escrito em detrimento de outros. Transportado para o universo da organização, esse conflito se torna mais difícil de resolver, sobretudo para assegurar uma interlocução participativa com diálogo de saberes, dos quais o contrassentido não funcione como elemento bloqueador. Contrassentidos são aqui definidos como a tendência de uma palavra ou expressão, frase ou texto, ato de fala ou escuta estarem propensos a evocar reações que podem ser tanto divergentes como complementares, mas que nem sempre são cooperantes. Para Cressot (1980, p. 121), o procedimento discursivo não existe necessariamente na palavra, "mas em uma intenção do espírito que classifica cada detalhe dentro de categorias de valores morais, estéticos ou simplesmente descritivos". Para Mangueneau (2001, p. 179), os locutores de uma língua dispõem, na verdade, de diversos mecanismos que lhes permitem estabelecer um referente e diversas maneiras de apresentar esse referente em determinado contexto.

O trato com os adjetivos aproxima esses mecanismos da correlação com o contrassentido, uma vez que se trata de uma expressão utilizada com a função de especificador. Para Neves (2000, p. 173), o adjetivo tem a capacidade de indicar alguma propriedade particular de dada categoria – que, por si, comporta um conjunto de propriedades nomeadas por um substantivo. No momento em que qualifica ou classifica, o adjetivo tem o poder de diferenciar subjetivamente o substantivo porque a ele adiciona intenções afetivas e sensoriais provenientes do enunciador. Isso ocorre, segundo Da Cal (1969, p. 112), pelo fato de que, na ausência dos adjetivos, o substantivo perde em clareza e individualidade, tornando-se sem forma, sem roupagem, sem colorido. Kerbrat-Orecchioni (1980) adiciona a dimensão objetiva à classificação dos adjetivos, desdobrando-a em outras ramificações em benefício dos procedimentos argumentativos.

A Semântica Argumentativa

O desdobramento das pesquisas sobre as teorias argumentativas constituíram o respaldo para a atual Semântica Argumentativa, enfatizando o intercâmbio entre os interlocutores na situação discursiva e dos variados fatores intervenientes em um ato de comunicação. De acordo com Meyer (1982), existem o Eu e o Outro, dois elementos que não são concebidos separadamente, pois, dentro de uma perspectiva pragmática, o contexto exterioriza as posições desses personagens que se valem de determinadas estratégias, como a ironia, o implícito e o explícito, os pressupostos e outros, estabelecendo o sentido global do texto (oral ou escrito), que, por sua vez, está respaldado em três níveis indissociáveis: o pragmático, o semântico e o sintático. A Semântica Argumentativa, considerada, portanto, uma ramificação da Pragmática, preocupa-se com as relações entre locutor e alocutário, em determinada situação discursiva, direcionando o sentido da mensagem por meio de uma grande variedade de procedimentos argumentativos.

Raccah (1995), em seu artigo "Argumentation and natural language: presentation and discussion of four foundational hypotheses", inspirado em Anscombre e Ducrot, propôs uma reflexão a respeito da concepção de linguagem e de semântica. Para Ducrot (1981), a argumentação está na língua, é inerente à atividade linguística e tem marcas que pertencem à própria organização da língua; há estratégias e mecanismos que manipulam, que orientam, argumentativamente, a significação de um enunciado. A língua, na teoria semântica de Ducrot, não serve apenas para a função comunicativa, mas exerce o papel de revelar, de transmitir o pensamento, de fornecer, ao conteúdo da comunicação, seu sentido pleno.

Na Semântica Argumentativa, o sentido de um enunciado direciona a continuidade do discurso, as palavras são dirigidas ao destinatário com determinados valores, intrínsecos àquela situação enunciativa, e, principalmente, em relação a outros enunciados, contribuindo para o entendimento da mensagem, por meio de encadeamentos argumentativos, que resultam na compreensão final do enunciado pelo destinatário:

> Convém lembrar que para Ducrot o sentido do enunciado é uma espécie de diálogo cristalizado em que um locutor – responsável pelo

enunciado – coloca em cena vários enunciadores. Esses enunciadores representariam, como numa peça teatral, diferentes pontos de vista, diferentes visões da realidade que o espectador pode aceitar ou recusar (BRANDÃO, 1998, p. 114).

Ducrot considera o locutor (L) o agente da atividade linguística, diversamente do enunciador (Lo), que é o sujeito da enunciação. O enunciador está para o locutor, assim como a personagem está para o autor; é o locutor e não o enunciador o responsável pelo material linguístico, da mesma forma que a personagem de teatro é responsável pelo texto escrito pelo autor. O locutor é aquele que tem a responsabilidade pelo dizer, pelo ato de fala, pela produção do enunciado, pela forma sonora que atinge um alvo (alocutário, ouvinte) e que provoca outra enunciação de volta; o locutor instaura um diálogo com o discurso do alocutário, já que este não é apenas um decodificador, mas sim um elemento ativo, receptor da mensagem, responsável por um contradiscurso; é, portanto, por meio do locutor, que são determinados os caracteres linguísticos da enunciação.

O enunciador é o sujeito da enunciação, realiza os diversos atos ilocucionários, sua voz está presente na enunciação, mas não lhe são atribuídas palavras exatas; na verdade, ele não fala, mas a enunciação demonstra seu ponto de vista. Dentro da instância argumentativa, o enunciador quer fazer crer, quer chamar a atenção do enunciatário "dizendo sem ter dito" e ele deve captar o verdadeiro sentido, no interior do quadro interpretativo e persuasivo. O locutor, por meio do enunciado, traça os pontos de vista e as atitudes do enunciador. A argumentação baseia-se em relações que estão intimamente ligadas à própria estrutura semântica da língua e "tais relações argumentativas não são absolutas [...], um argumento não é uma prova para algo, mas uma razão que é dada ao interlocutor para aceitar uma conclusão" (GUIMARÃES, 1995, p. 50).

A obra de Ducrot está centrada no estudo dos procedimentos indispensáveis que estabelecem os efeitos necessários para direcionar e orientar, argumentativamente, os enunciados. Tais mecanismos são chamados marcas linguísticas da enunciação ou da argumentação. Na década de 1960, os estudos sobre as marcas linguísticas da argumentação despertaram o interesse, também, de um grupo de filósofos ingleses e americanos, que originou a Escola de Oxford: Austin, autor da teoria dos atos da fala e principal representante do grupo composto por P. F. Strawsom, H. P. Grice e J. R. Searle. Austin desenvolveu sua teoria tomando como ponto de partida a análise de determinados advérbios, que permitem ao falante justificar, desculpar ou eximir-se da responsabilidade de seu ato, pesquisando exemplos do cotidiano, com o objetivo de uma reflexão mais concreta, mais próxima da realidade, respaldando-se no caráter intersubjetivo da linguagem, e chega a conclusões mais diretamente ligadas ao universo de discurso e à prática cotidiana.

A linguagem, para Austin, é uma prática social, que não deve ser analisada por si mesma, e devemos levar em conta os fatores que interferem em seu uso, ou seja, o contexto social e cultural, em que as práticas sociais e os valores culturais são determinantes.

> [...] quando examinamos o que se deve dizer e quando se deve fazê-lo, que palavras devemos usar em determinadas situações, não estamos examinando simplesmente palavras (ou seus "significados", ou seja lá o que isso for), mas sobretudo a realidade sobre a qual falamos ao usar estas palavras – usamos uma consciência mais aguçada das palavras para aguçar nossa percepção [...] dos fenômenos (AUSTIN, 1990, p. 10).

Essa nova teoria, ao conceber a linguagem como forma de ação, não analisa a sentença, a estrutura da frase, mas sim o ato de fala, o uso da linguagem em determinada situação juntamente com seus efeitos e consequências. Os estudos sobre a argumentação passaram por inúmeras fases, percorreram um longo caminho que teve a duração de muitos séculos, desde as reflexões de Aristóteles até a Semântica Argumentativa no final do século 20. O relacionamento homem/mundo está vinculado ao uso da linguagem, caracterizando a atividade comunicativa como uma das principais atividades do ser humano e privilegiando a língua como um instrumento social que, para ser usada em sua plenitude e fazer jus a esse papel social, recorre a determinados procedimentos que são estudados pela Semântica Argumentativa.

Dentro da dimensão argumentativa da linguagem, está inserida uma classe de palavras, rotuladas de operadores argumentativos, itens lexicais presentes tanto nos textos escritos, quanto nos orais, pois em toda comunicação subjaz uma carga de sentido que expressa a intencionalidade de seu autor; intencionalidade que é desvendada, progressivamente, por meio de pistas que os operadores argumentativos podem sinalizar. A taxionomia tradicional classifica os operadores, na maioria dos casos, em conjunções, mas, conforme Guimarães (1987, p. 35): "esta classe de palavras tem, nas construções em que aparece, outras funções, seguramente tanto e até mesmo mais significativas". E, segundo Van Dijk (1992, p. 47): "os conectivos têm funções pragmáticas tanto quanto funções semânticas."

A momentaneidade da produção do texto falado estimula o falante a determinados procedimentos linguístico-argumentativos, que devem levá-lo à manifestação plena de sua mensagem, por intermédio de uma monitoração contínua dos marcadores discursivos. Durante o percurso argumentativo, no texto falado, a língua desvincula-se de algumas normas preconizadas pela gramática normativa e adota uma "gramática" particular, caracterizada pela dinamicidade inerente à linguagem oral, pois, para Castilho (1998, p. 22), "a gramática não é senão um debate contínuo, alimentado por dados, hipóteses, perguntas nela fundamentadas (nas regras descritivas) e respostas que abrem novas perspectivas de indagação, e assim por diante".

Dentre as marcas linguísticas responsáveis pela competência comunicativa, na língua falada, e pensando a linguagem como ação e como argumentação, está a classe dos marcadores discursivos, um conjunto amplo, heterogêneo e aberto, motivado pela interação e pela necessidade de orientar, satisfatoriamente, os blocos de informação no contexto global do discurso. A comparação entre os operadores argumentativos e os marcadores discursivos revelou o funcionamento peculiar de cada um deles no processo de construção do texto falado: aqueles, além de assumirem uma responsabilidade argumentativa, estão despidos das marcas específicas da oralidade; estes compartilham, dentro do processo dialógico da interação face a face, de um grupo de fatores variados que materializam, linguisticamente, o discurso oral.

Dessa forma, o processo interacional da língua está intrinsecamente ligado à competência comunicativa, que, por sua vez, articula-se com os recursos linguístico-pragmáticos, gerando a significação, plena e satisfatória, do conteúdo expresso. O locutor, ao desempenhar sua competência comunicativa, na língua falada, faz uso desse conjunto de recursos linguístico-pragmáticos caracterizados do código oral, rotulados de marcadores discursivos, que "são elementos linguísticos que estruturam o texto, considerado não só como uma construção verbal cognitiva, mas também como uma organização interacional interpessoal. Ou seja, são recursos que sinalizam orientação ou alinhamento recíproco dos interlocutores ou destes em relação ao discurso" (URBANO, 1993, p. 99).

Considerações finais

A construção de um texto, falado ou escrito, requer não só o domínio do léxico, da norma padrão, como também o conhecimento dos processos argumentativos que servem para direcionar o interlocutor para determinada conclusão. Os mecanismos argumentativos (sejam os operadores argumentativos, sejam os marcadores discursivos, entre outros) dinamizam, de forma cooperativa e interativa, o desempenho linguístico-textual dos personagens do quadro enunciativo, isto é, os interlocutores articulam-se, adequadamente, em qualquer situação comunicativa.

É necessário, portanto, reafirmar a importância das pesquisas vinculadas ao complexo domínio da argumentação, isto é, avaliar, com fundamentação científica, os principais pontos norteadores da arte de convencer, pois, segundo Aquino (2009, p. 172): "o leitor maduro, capaz de uma leitura crítica, tem condições de perceber e de controlar os efeitos da informação divulgada. Muitas vezes, o jogo da manipulação institui-se de modo sutil, tornando, por vezes, difícil sua identificação".

O que desejamos enfatizar, para os estudos organizacionais, é a necessidade de rever o pressuposto de que a não compreensão de uma mensagem signifique ausência de sentido: jamais deixa de haver alguma forma de preenchimento do espaço destinado ao sentido da mensagem. A divergência, maior ou menor, no preenchimento desse espaço, é capaz de formar um contrassentido de mesma proporção entre os interlocutores – forças de sinais contrários. É preciso aceitar também que o contrassentido recebe sua carga no diálogo e no domínio dos códigos oral e escrito, os dois localizados no âmbito do conhecimento da língua.

Referências

AQUINO, Z. G. O. de. O artigo de opinião: a argumentação no discurso jornalístico. In: GIL, B. D.; CARDOSO, E. A.; CONDÉ, V. G. (orgs.). *Modelos de análise linguística*. São Paulo: Contexto, 2009.

AUSTIN, J. L. *Quando dizer é fazer*. Porto Alegre: Artes Médicas, 1990. (Tradução de Danilo Marcondes de Souza Filho)

BRANDÃO, H. H. N. *Subjetividade, argumentação, polifonia*: a propaganda da Petrobrás. São Paulo: Unesp, 1998.

CASTILHO, A. T. de. *A língua falada no ensino de português*. São Paulo: Contexto, 1998.

CHAFE, W. Linguistic differences produced by differences between speaking and writing. In: OLSON, D. R.; TORRANCE, N.; HILDYARD, A. (eds.). *Literacy, language and learning*: the nature and consequences of reading and writing. Cambridge: Cambridge University Press, 1985.

CRESSOT, M. *O estilo e as suas técnicas*. Lisboa: Edições 70, 1980. (Tradução de Madalena Cruz Ferreira)

DA CAL, E. G. *Linguagem e estilo de Eça de Queiroz*. Lisboa: Aster, 1969. (Tradução de Helena Cidade)

DUCROT, O. *Provar e dizer*: linguagem e lógica. São Paulo: Global, 1981. Colaboração de BARBAULT, M. C.; DEPRESLE, J. (Tradução de Maria Aparecida Barbosa, Maria Fátima Gonçalves Moreira e Cidmar Teodoro Pais)

GUIMARÃES, E. *Os limites do sentido*: um estudo histórico e enunciativo da linguagem. Campinas: Pontes, 1995.

_____. *Texto e argumentação*: um estudo de conjunções do português. Campinas: Pontes, 1987.

KERBRAT-ORECCHIONI, C. *L'enonciation*: de la subjectivité dans le langage. Paris: Armand Colin, 1980.

MAINGUENEAU, Dominique. *Análise de textos de comunicação*. São Paulo: Cortez, 2001. (Tradução de Cecília P. de Souza-e-Silva; e de Décio Rocha)

MEYER, M. *Lógica, linguagem e argumentação*. Lisboa: Teorema, 1982. (Tradução de Maria Lúcia Novais)

NEVES, M. H. de M. *Gramática de usos do português*. São Paulo: Unesp, 2000.

OLIVEIRA, E. G. de. *Operadores argumentativos e marcadores discursivos na língua falada*. São Paulo: USP, 2000. Tese (Doutorado em Semiótica e Linguística Geral). Universidade de São Paulo, São Paulo, 2000.

PLANTIN, C. *A argumentação*: história, teorias e perspectivas. São Paulo: Parábola, 2008. (Tradução de Marcos Marcionilo)

RACCAH, P. Y. Argumentation and natural language: presentation and discussion of four foundational hypotheses. *Journal of Pragmatics*, v. 24, n. 1 e 2, Amsterdã, Elsevier, 1995.

URBANO, H. Marcadores conversacionais. In: PRETI, D. (org.). *Análise de textos orais*. São Paulo: FFCLH/ USP, 1993.

VAN DIJK, T. A. *Cognição, discurso e interação*. São Paulo, Contexto, 1992. (Organização e apresentação de Ingedore V. Koch)

A CULTURA E O DISCURSO DA CULTURA NOS CONTEXTOS ORGANIZACIONAIS

Luiz Carlos Assis Iasbeck

Cultura e comunicação são dois ingredientes de um mesmo processo. Interdependentes, mutuamente condicionados, mas com âmbitos de ação e naturezas delimitados; esses dois processos podem assegurar a permanência ativa de alguém em uma organização, na medida em que encontrem ambiente interativo. Ou seja, onde não há interação – portanto, não há condições de comunicação – também não haverá condições de se alimentarem processos culturais. Esse pressuposto nos traz a necessidade de aclarar, em uma primeira abordagem, os processos de criação e manutenção de cultura, lugar de vínculos simbólicos que asseguram e estimulam vínculos pragmáticos, aqueles que nos unem à família, ao Estado, às organizações produtivas formais e informais de modo geral, dentre outras.

Não resta dúvida de que a afinidade de interesses é um dos mais fortes motivadores da criação de vínculos. Entretanto, as afinidades se tornam ainda mais atraentes e até mesmo coercitivas quando a necessidade de vinculação extrapola as motivações conscientes, pragmáticas e funcionalistas da "união de esforços para consecução de um fim comum", ganhando outra dimensão, em uma esfera mais sutil e mais intensa – a dimensão dos valores simbólicos que só são veiculados comunicativamente na cultura.

Para entender como se dão tais mecanismos, é preciso, primeiramente, entender como a dinâmica da cultura é capaz de proporcionar identidade às organizações e, consequentemente, torná-las atraentes ao desejo de vinculação. Em um segundo momento, é necessário entender como os esforços discursivos das culturas podem contribuir para criar e manter vínculos com seus públicos de interesse.

Cultura e culturas

São muitas, variáveis, complementares ou antagônicas (às vezes) as formas de se descrever e conceituar **cultura** no ambiente das ciências sociais. É preciso antes lembrar – como bem nos assegura Norval Baitello Jr. (1997, p. 25-31) – que "o termo **cultura** tem seu uso primeiro, primário e mais concreto sentido na ação de cultivar o chão para a plantação". Metaforicamente, o cultivo passou a ser utilizado como ação do homem para aprimorar o espírito, o conhecimento, designando, então, "a formação intelectual do homem". Norval salienta que, desde essa origem, o conceito de **cultura** já aponta para duas possibilidades fundamentais de abordagem: quando o objeto do cultivo está fora do homem e quando o objeto é o próprio homem.

São bastante conhecidas as tradicionais abordagens da cultura como resultado da ação do homem, transformando a natureza das coisas, inserindo-se – produtiva ou prejudicialmente – em um ritmo natural seguido pelo mundo não humano. A cultura seria, então, não apenas a ação do homem, mas o que leva o homem a agir sobre a natureza das coisas, de modo a transformá-la para servir aos seus propósitos, sejam esses quais forem. Vista dessa forma, o conceito resulta de confusão e, ao mesmo tempo, de uma banalização pragmática dos conceitos antropológicos de **cultura** e **civilização**, cunhados respectivamente pelas tradições alemã (*kultur*) e francesa (*civilization*) nos séculos 18 e 19 (LARAIA, 1986, p. 25). Tem-se ainda nos dias atuais que **cultura**, em sentido etnográfico, é "todo o complexo que inclui conhecimentos, crenças, artes, moral, leis, costumes ou qualquer outra capacidade ou hábito adquiridos pelo homem como membro de uma sociedade" (TYLOR apud LARAIA, 1986). O que se contrapõe ao conceito de **civilização** é o conjunto das realizações materiais de um povo pautado pela sua particular cultura.

Os avanços da Biologia, notadamente da Genética, vão trazer a esse rol de ideias a questão da determinação da cultura por elementos vindos da herança hereditária, acrescentando ao conceito uma atualidade que aponta para a complexidade de suas consequências. Nos dias atuais, entende-se que cultura é um sistema no qual se dão cruzamentos intensos de determinações comportamentais cujo objetivo é proporcionar aos indivíduos e grupos de condições de convivência gregária ou social. Essas determinações são biológicas e sociais, ou seja, derivam de fatores congênitos e exógenos indissociavelmente unidos para produzirem efeitos no mundo da cultura. A cultura é, portanto, algo que nasce com o homem e se projeta nas suas realizações. É dinâmica, está sujeita ao determinismo biológico e aos encontros e desencontros da vida social, mantendo-se, ao mesmo tempo, invariável e flexível em suas possibilidades adaptativas, de modo a conceder identidade e mudança, perenidade e fugacidade a suas realizações.

Afora as conceituações já amplamente conhecidas no âmbito da Antropologia cultural e social, outras configurações se nos afiguram oportunas para pensar a cultura nas organizações. Uma delas, talvez a mais intrigante e mais operativa para nossos propósitos, é a teoria da cultura desenvolvida pelos semioticistas eslavos das escolas de Tartu e Moscou (Lotman, Uspenskij, Piatigorski e Toporov) e apresentada nos anos 1970. "Eles cunharam a expressão **semiótica da cultura** para uma ciência na qual a cultura é definida como domínio das organizações (informação) na sociedade humana, em oposição à desorganização (entropia), isto é, um arranjo integrado e hierárquico de um sistema de signos" (SCHEFFCYZYK, 1986, p. 163).

De acordo com Lotman e os demais semioticistas eslavos, a cultura é um âmbito organizado sob a forma de textos ao qual se opõem elementos extraculturais, ou seja, outros textos que não entram em sua composição. Esses elementos que ficam de fora da composição textual de dada cultura compõem aquilo que se denomina **não cultura**, a saber, textos que não pertencem a determinada cultura. A cultura se realiza assim em afinidades eletivas, contrapondo-se às diferenças excludentes que não têm como dela participar. É preciso esclarecer aqui que a unidade básica de sentido da semiótica eslava não é – como nas demais semióticas – o signo (algo que representa alguma coisa para alguém), mas um conjunto de signos que forma um tecido, uma trama sígnica, um "texto". A cultura é, assim, ao mesmo tempo, um grande texto no concerto das outras culturas e um conjunto de textos exclusivo que possibilita traços diferenciais em relação aos outros textos que não entram em sua composição.

A noção de "texto" está assentada em três elementos básicos, definidos por Iuri Lotman (1988, p. 71-77) como sendo: (a) estrutura, dimensão invariante de todos os textos e que contém seus elementos paradigmáticos, fundamentais e basilares; (b) expressão, o modo como determinado texto aparece ou é expresso em atos comunicativos; e (c) delimitação, os recortes que fazem com que cada texto tenha um âmbito determinado, fronteiras bem definidas e um *corpus* identificável. O curioso dessa concepção – ao mesmo tempo pragmática e sistêmica – é que a cultura é conformada em textos, e os textos são, nesse caso, quaisquer arranjos sígnicos que têm um sentido específico, próprio e identificável, mas, ao mesmo tempo, individual (afim) e coletivo (compartilhável). As características "coletivas" de um texto se explicam pelo fato de todo texto estar situado em um texto maior (seu contexto) em que age e reage. Por isso, deve conter, além de elementos singulares, peculiares, outros que não lhe são exclusivos, ou seja, que podem pertencer também a outros textos, outras culturas. E é por isso que uma cultura pode (e deve) dialogar com sua contraparte, arejando-se e, ao mesmo tempo, fortalecendo-se.

O mecanismo de funcionamento das culturas, explicado pelos semiólogos russos em suas famosas *Teses para uma análise semiótica da cultura* (íntegra traduzida em Machado, 2003, p. 99-134) nos permite traçar interessantes paralelos com as situações vividas pelas organizações na constituição do discurso em torno de elementos de sua cultura.

Lotman (1988) faz uma importante distinção entre as diversas formas de linguagem para, ao final, nos conduzir a uma classificação que esclarece o lugar da cultura no mundo dos sentidos. Ele nos diz primeiramente que não há cultura sem linguagem, ou seja, que não há como se perceber, introjetar e transmitir cultura sem o uso de instrumentais que possibilitam a comunicação. As linguagens são esses instrumentos, pois permitem que a informação seja codificada na origem e descodificada no destino, gerando conhecimento em processo dinâmico e interativo. São indissociáveis, portanto, linguagem, comunicação e cultura.

Como a cultura é, em sua essência, imaterial, de caráter simbólico, mas perceptível nos produtos e efeitos que produz (coesão grupal, cumplicidade, produtos culturais ou de cultura), ela só se materializa por meio de linguagens. O estudo das linguagens corresponde assim, em sua essência formal e conteudística, ao estudo da cultura que as produz e alimenta. As linguagens utilizam-se de signos, mas signos isolados não produzem sentido. O semioticista tcheco Ivan Bystrina afirma que:

> textos são complexos de signos com sentido. Os textos e signos em si preenchem uma função comunicativa, uma função de participar, de informar – no sentido amplo da palavra. Mas eles preenchem também outras funções, como, por exemplo, a função estética, ou emotiva e expressiva, ou ainda outras funções sociais (BYSTRINA, 1995, p. 2).

As linguagens que veiculam textos das culturas são classificadas por Lotman (1988, p. 32-38) em **línguas naturais** (as línguas nacionais, maternas), **línguas artificiais** (dos códigos criados pela ciência, pela tecnologia e pela necessidade humana de economia de sinais), e, finalmente, **linguagens secundárias**, que ele denomina "sistemas 'modelizantes' secundários" (as linguagens das artes, da música, do cinema, da pintura, da religião, dos mitos, dos valores morais e éticos, do comportamento e da experiência; ou seja, a linguagem da cultura).

A linguagem da cultura

Assim, a cultura, para Lotman, utiliza-se de um sistema sofisticado e superior de linguagem que se caracteriza por sua natureza simbólica, imaginativo-criativa, ou seja, pela metalinguagem, pela poesia, pelas metáforas. A linguagem da cultura se sobrepõe à consciência e nos possibilita criar textos complexos. Esses textos podem significar realidades idealizadas, virtualizadas, ficções de toda ordem, capazes de extrapolar os estreitos limites das linguagens primárias e artificiais, presas referencialmente a seus objetos de realidade.

Ao universo das linguagens naturais e artificiais, Ivan Bystrina prefere referir-se como "primeira realidade", em contrapartida à "segunda realidade", o mundo dos sistemas "modelizantes" secundários, o mundo da cultura. A cultura é, portanto, aqui entendida como uma segunda realidade criada pelo homem, produtor de signos e significados, para superar e sublimar simbolicamente as limitações que a primeira realidade lhe oferece. Tais limitações são inequívocas: o homem é extremamente vulnerável às doenças, caminha inexoravelmente para a morte, assim como todo o mundo da primeira realidade se deteriora com o tempo, tornando-se obsoleto e inoperante.

Por isso, no mundo da cultura, o homem cria outra dimensão imaginária e criativa de mundo no qual se torna invencível em relação ao que o supera na primeira realidade (biológica, social). A cultura é, pois, todo o acervo dinâmico de construções simbólicas que nutrem o imaginário de um indivíduo, uma família, um grupo de indivíduos, uma nação, uma ciência, uma organização. A cultura – como dizem os semiólogos eslavos em suas teses (MACHADO, 2003, p. 32) – é continuamente nutrida pelas criações que ela mesma estimula, tornando-se, assim, autônoma em sua estruturação e na produção de sua expressão.

Feitas tais considerações sobre o conceito de cultura e projetadas as conclusões aqui apresentadas às práticas organizacionais, podemos inferir sem maiores escrúpulos que uma organização coesa só é possível com base na existência de um imaginário compartilhável, estimulado, e mantido ativo pelo conjunto de seus integrantes. A cultura de uma organização se caracteriza pelos valores simbólicos de que ela se nutre e de que necessita para sustentar a motivação de seus integrantes. Esses valores simbólicos não lhe são exclusivos, visto que podem ser compartilhados por esses mesmos integrantes em outras organizações das quais participem. Do mesmo modo, cada integrante de cada grupo cultural traz para o grupo elementos de outras culturas das quais participa, proporcionando um diálogo necessário entre os elementos de "dentro" com os de "fora" da organização.

Desse modo, é possível dizer que a cultura de uma organização pode constituir seu diferencial no "mercado" desde que sua cultura resulte de uma hibridização com certo grau de originalidade nos cruzamentos das diversas contribuições que recebe. Por esse mesmo motivo, quanto mais apta a dialogar com elementos de outras culturas (outras organizações) e a compartilhar com elas valores afins e diferentes, maior será a potencialidade de dada organização em originalizar-se, seja em cruzamentos inéditos, seja em acordos imprevisíveis ou ocasionais. Evidentemente, as trocas interculturais podem representar um grande perigo para as organizações, uma vez que certos cruzamentos improváveis podem trazer dilemas e oferecer soluções criativas fora dos parâmetros da suportabilidade de suas forças organizadoras.

É também nas teses eslavas (MACHADO, 2003, p. 100-104) que vamos encontrar uma referência interessante a esse respeito. As culturas, como formações textuais de segunda realidade, tendem a ter um espaço interno conservador (nuclear) e um espaço externo aberto (periférico) às contribuições e ao diálogo com outras culturas. Como todo texto quer perenizar, uma das dinâmicas mais elementares à sustentação de uma cultura (e, de resto, de todo texto cultural) é a tensão que há entre o movimento interno de repressão e o movimento externo de expansão. Ou seja, o núcleo das culturas tende a ser reacionário para se proteger e evitar que se desintegre, mas, paradoxalmente, torna-se mais fortalecido a partir do momento em que enfrenta os desafios da interatividade, arejando-se e reciclando-se em processo de cooperação mútua.

O discurso da cultura

Vimos até aqui como se comporta a cultura e, paralelamente, como as organizações se comportam segundo o modelo de cultura que acalentam. Entretanto, é necessário considerar que nem sempre o discurso organizacional reflete a cultura que a organização emana. O discurso, que deveria ser um sintoma, um reflexo ou um signo indicial da cultura organizacional, pode, igualmente, ser transformado intencionalmente, reformado ou mesmo deformado por estratégias de ocultação. Pode também, por incompetência dos setores produtores do discurso, apresentar-se dissonante em relação aos traços distintivos da cultura.

A que discurso nos referimos? Referimo-nos a uma trama textual cuja expressão é possível graças a uma conjunção de linguagens específicas, social e tecnicamente determinadas, que lhe conferem identidade e traços diferenciais em relação a outros textos produzidos em outras condições. Como afirmam Charaudeau e Maingueneau (2004, p. 169), o discurso é um lugar no qual um texto encontra outros textos de seu contexto. Podemos, então, estender tais considerações à semiótica da cultura, vertente dos estudos do discurso e do texto cultural à qual nos reportamos para elucidar o conceito de cultura e seus processos. Para Lotman e demais signatários das teses, a cultura é um grande texto constituído de outros textos, formando um conjunto textual que lhe dá feições singulares. Essas feições caracterizam e identificam culturas diferentes.

Nesse sentido, a cultura pode ser caracterizada por um discurso próprio, ou seja, uma coleção de textos, cuja expressão total é formada pelo conjunto das expressões dos demais textos que entram em sua composição. Sem nos esquecermos de que, para Lotman (1988), a "expressão" é a face visível dos textos (produzidos por uma estrutura pouco variante e recortes que delimitam suas fronteiras), é possível afirmar que um discurso corresponde, então, a uma coleção particular de textos expressivos.

Assim, o discurso de uma organização torna aparentes os traços diferenciais e identitários dessa mesma organização, na medida em que é composto por textos que a significam *in totum*. Porém, cada um desses textos é produzido em condições e ambientes específicos, ainda que no interior de uma mesma organização, espelhando em sua expressão o modo como foram produzidos e as determinações que os motivaram a significar a organização sob tal aspecto e circunstância.

São instâncias produtoras de textos as áreas de Comunicação Social (Assessoria de Imprensa, Publicidade e Propaganda, Relações Públicas, Jornalismo Empresarial), de atendimento a clientes e fornecedores (balcão, atendimento virtual, telemarketing, CRM, SAC, ouvidoria), o marketing, as áreas de organização e métodos (que decidem questões organizacionais, desde *layouts* físicos a estrutura hierárquica de poder), os signos da identidade visual (marcas, logomarcas, cores institucionais, formatos de *design*), entre outras. Toda e qualquer expressão que torna a organização visível e perceptível para seus públicos constitui, então, um texto com elementos sígnicos próprios, com estrutura e limites determinados.

A soma desses textos pode tanto resultar em um conjunto discursivo harmônico, como pode expressar as disjunções, incoerências e contrastes entre os textos que o fundam, traduzindo, assim, um discurso fragmentado e inconsistente aos olhos dos públicos que os recebem. Dessa forma, o discurso parece ser a face mais visível e transparente da cultura, não fosse Lotman ter-nos alertado (1983, p. 73) para o fato de que os textos culturais não portam necessariamente seus elementos identitários na expressão que irradiam, mas principalmente na estrutura que a fundamenta e que "lhe é inerente". Uma disjunção entre estrutura e expressão compromete a autenticidade de um texto e, consequentemente, do discurso da cultura de que ele é parte integrante. Daí que o discurso da cultura pode não traduzir a cultura da organização, causando problemas de identificação externa (clientes e fornecedores) e de reconhecimento interno (funcionários).

Essas rupturas entre estrutura e expressão são mais comuns que imaginamos, uma vez que a necessidade constante de se adaptar o discurso aos ambientes mutantes do mundo organizacional ou às exigências sazonais do mercado no qual essas organizações se inserem provoca a necessidade de mudanças bruscas para as quais nem sempre é possível uma tradução que mantenha a coerência entre a ideologia concentrada e a expressão dispersiva. Normalmente, os movimentos adaptativos se dão pela necessidade de se manterem vínculos, o que parece justificar – em alguns casos – o rompimento da coerência entre estrutura e expressão, com todos os riscos que tal ruptura possa ocasionar.

Cultura, discurso e vínculo

Vimos, então, que a cultura é um fenômeno comunicativo e que o discurso organizacional é o lugar no qual os elementos de dada cultura são produzidos e veiculados. O conjunto dos textos que formam o discurso precisa ser harmônico e "regido" por diretrizes consoantes às estratégias traçadas pelas organizações, sob a pena de seu discurso total soar fragmentário e inconsistente aos receptores. Vimos também que o conceito de discurso não se contrapõe às práticas, visto que as práticas organizacionais também compõem seu discurso como textos não verbais. Entretanto, as relações entre as organizações e seus públicos não se dão apenas segundo seus próprios interesses estratégicos evidenciados no discurso. A expectativa de seus públicos de interesse necessita ser correspondida por aqueles discursos, sob o risco de frustrações de quaisquer ordens comprometerem os vínculos que garantem a fidelidade nessa relação.

A comunicação é um processo natural de troca de informações e que pode ser definido em várias intensidades, sob variadas ópticas e dimensões. Não pode, todavia, ficar restrita ao campo técnico das conceituações mecanicistas, sob a pena de não explicar (ou camuflar) seus objetivos mais urgentes nas relações humanas: o estabelecimento e a manutenção de vínculos.

Marcondes Filho (2008) retoma de forma mais veemente aquelas evidências sugeridas por Leach (1978), no campo da Antropologia e da Arqueologia, de que o objetivo maior dos atos comunicativos (e que os motiva, sobremaneira) não é tanto o relacionamento em si mesmo, mas o que pode (e deve) resultar desse relacionamento, os vínculos. É Baitello Júnior (2005, p, 70) quem afirma que "os processos comunicacionais são (processos) de construção de vínculos", ao referir-se não apenas às vinculações de pessoa a pessoa ou entre organizações e seus públicos, mas antes aos vínculos entre informações, entre objetos, entre nós e os fenômenos do mundo. Esses **nós** que se estabelecem nas relações geram redes informacionais e redes de relacionamento que se estreitam ou se esgarçam ao sabor mutante das especificidades de cada processo comunicativo ali estabelecido.

De certa forma, é essa a lógica que preside toda a construção teórica dos semioticistas eslavos (Lotman e Ivanov, sobretudo) nas teses para uma semiótica da cultura: é a vinculação entre textos peculiares que resulta no grande texto da cultura. O discurso não é outra coisa senão uma rede textual que se sustenta nos intermédios de cada um desses seus integrantes, no lugar e no momento em que pontos de afinidade promovem elos, gerando cadeias relacionais.

> Acontece que a necessidade do homem de se apropriar do espaço (vincular o espaço) e sua necessidade de se apropriar do tempo (vincular o tempo) exigiram novas maneiras de se comunicar, mostraram a ele outras possibilidades de linguagem [...] (BAITELLO JÚNIOR, 2003, p. 65).

É pela comunicação que se criam e se administram os vínculos de qualquer natureza. Dessa forma, não seriam diferentes os projetos que buscam manter a fidelidade dos públicos às organizações, especialmente as de caráter comercial, que não podem prescindir de seus clientes.

A gestão dos vínculos passa necessariamente pela revisão constante da pertinência e da coerência dos textos do discurso organizacional, contrastados pelos dados aferidos nas pesquisas de imagem.

Vínculos causam dependência, portanto, não permitem total autonomia àqueles que se vinculam. São incompatíveis com a ideia de liberdade, mesmo porque um objeto, um fenômeno ou uma pessoa em estado de isolamento que hipoteticamente possa prescindir de toda e qualquer ligação com seu mundo exterior não teriam como se arejar ou como trocar informações com seu meio ambiente e se desintegrariam. Os processos de troca são essenciais para que todo ser vivo desenvolva competências adaptativas. A comunicação é, portanto, um processo de sobrevivência não apenas cultural, mas também de sobrevivência biológica e social.

São inúmeras as estratégias de vinculação, embora poucas sejam objeto da atenção dos estudiosos da comunicação, muito mais voltados – talvez pelo fascínio (integrados) ou pelo desdém (apocalípticos) – aos estudos das mediações. Afora a óbvia constatação de que os estudos da mídia são essenciais à compreensão dos processos comunicacionais, é preciso que não nos descuidemos do fato de que de um lado e de outro dessas mídias encontram-se pessoas em busca de integração, de vínculos, de afinidades, de pertencimento, de segurança.

As práticas discursivas levadas a cabo pelas organizações não podem nem devem permitir que os meios de sua produção ou os modos de sua veiculação superem ou obscureçam elementos de vínculo com seus públicos, o que é mais comum acontecer que se supõe.

A extrema facilidade com a qual desviamos o olhar que deveria estar voltado a nossos objetivos maiores para questões periféricas e circunstanciais corresponde, de modo inverso, à extrema dificuldade que temos (e que as organizações não fazem senão espelhar) em inserir o outro (*alter*) em nossos projetos, a cada passo de sua concepção, realização e avaliação. A qualidade dos discursos assume, nesse contexto, papel de altíssima relevância para o sucesso e de inequívoca responsabilidade para o fracasso das organizações.

Referências

BAITELLO JÚNIOR, N. *A era da iconofagia*: ensaios de comunicação e cultura. São Paulo: Hacker, 2005.

_____ *O homem que parou os relógios*. São Paulo: Annablume, 1997.

BYSTRINA, I. *Lições de semiótica da cultura*. São Paulo: PUC-SP, 1995. (*Print* distribuído pelo Centro Interdisciplinar de Semiótica da Cultura e da Mídia – CISC).

CASTELLARY, A. B. et al. *Sobre el concepto de cultura*. Barcelona: Mitre, 1984.

CHARAUDEAU, P.; MAINGUENEAU, D. *Dicionário de análise do discurso*. São Paulo: Contexto, 2004.

LARAIA, R. B. *Cultura, um conceito antropológico*. Rio de Janeiro: Jorge Zahar, 1996.

LEACH, E. *Cultura e comunicação*. Rio de Janeiro: Jorge Zahar, 1978.

LOTMAN, Y. M. *Estructura del texto artístico*. Madrid: Ediciones Istmo, 1988.

MACHADO, I. (org.). *Semiótica da cultura e semiosfera*. São Paulo: Annablume, 2007.

_____ *Escola de semiótica*: a experiência de Tartu-Moscou para o estudo da cultura. São Paulo: Ateliê Editorial, 2003.

MARCONDES FILHO, C. *Para entender a comunicação*. São Paulo: Paulus, 2008.

SCHEFFCYZYK, A. Culture. In: SEBEOK, T. *Encylopedic dictionary of semiotics*, Tome 1. Berlim, Nova York, Amsterdã: Mouton de Gruyter, 1986. p. 162-168.

CAPÍTULO 7

PRÁTICAS DISCURSIVAS NAS RELAÇÕES DE TRABALHO

Maria Virgínia Borges Amaral

Com vistas a uma reflexão sobre as práticas discursivas nas relações de trabalho, apresentam-se, de início, alguns elementos constituintes desse espaço discursivo, tomando-se como base os fundamentos da Análise do Discurso.

O campo de conhecimento – Análise do Discurso – no qual se inscreve este capítulo é herdeiro de um movimento de ideias (Estruturalismo) ocorrido na década de 1960, na França, cujo êxito se deve à grande adesão de intelectuais franceses, ansiosos pela consolidação de um método científico aliado ao desenvolvimento de um pensamento crítico que permitisse a interpretação dos acontecimentos sociais e políticos da época. O movimento estruturalista trazia uma forte dose de aversão à cultura tradicional do Ocidente e exibia um "apetite de modernismo em busca de novos modelos" (DOSSE, 1993, p. 13). Ao contestar o academicismo, o paradigma estruturalista garantiu seu lugar à margem da instituição de puro saber – a declarada Ciência –, que se fazia imitar por muitas outras, carentes de pilares rigorosos para sustentar suas teses. Esse movimento teria sido, conforme explicitam alguns críticos, o estandarte dos modernos na luta contra os antigos (ibid, p. 13). Foi ali que a Linguística desempenhou o papel de **ciência-piloto**, cuja função consistia em guiar os passos das Ciências Sociais para encontrar novos padrões de cientificidade.

O desafio proposto para os estruturalistas, entre eles Louis Althusser, era pôr de cabeça para baixo as verdades consolidadas pelo saber científico tradicional, zelador da objetividade absoluta com vistas à garantia de certezas. Foi, pois, a empreitada de Althusser, numa releitura de Marx, que fertilizou o caminho para a análise de discursos (COURTINE, 2006), a ser seguido por muitos pensadores. A Análise do Discurso – AD – paga, hoje, tributo às ideias de Michel Pêcheux, filósofo integrante do grupo de marxistas que questionavam as formas convencionais de se conhecer a realidade social, e nela intervir, em decorrência de mudanças mais radicais.

A teoria da Análise do Discurso desenvolveu-se ao longo da segunda metade do século 20 e chegou aos dias atuais demarcando as diferenças de posições teóricas que foram se constituindo em seu interior. Hoje se percebe uma diversidade de "tendências", cujas fronteiras sofrem tentativas de delimitações dos pensamentos que as originaram na Europa (tendência materialista, que retoma a noção de língua e de sujeito – este afetado pelo inconsciente e constituído pela ideologia) –, ou na América do Norte (tendência linguístico-pragmática, de natureza empiricista).

Na América do Sul, e particularmente no Brasil, a AD mantém a relação híbrida entre o político e o teórico, com a tradição europeia e a norte-americana, inserindo questões acerca da repartição da história do pensamento sobre a linguagem. Embora seja evidente a existência de atritos entre pensadores da linguagem com respeito à AD, esta se institucionalizou no Brasil com sua produção e alcance teórico, configurando-se como uma disciplina, no campo das Ciências da Linguagem, cujo objeto é o discurso e cujos estudos trazem inúmeras consequências, teóricas e práticas, para o saber linguístico.

Alguns conceitos em Análise do Discurso[1]

Hoje, a discussão em torno da AD é marcada por um processo de **desconstrução** e **reconstrução** de seus fundamentos originários. Os conceitos formação ideológica, formação discursiva e interdiscurso sofreram alguns deslocamentos de sentido, desencadeando um processo de produção teórica alicerçado em uma vertente do materialismo histórico, na interlocução com a psicanálise e com a linguística.[2]

---

[1] Embora não seja esse o espaço para a discussão aprofundada dos conceitos constituintes do quadro teórico da Análise do Discurso, convém apresentar aqueles indispensáveis em um trabalho de análise, visto que são requisitados no processo de interpretação. Essa autora, em outros trabalhos, discute os conceitos aqui mencionados com maior profundidade. Recomenda-se: AMARAL, M. V. B. *Discurso e relações de trabalho*, Maceió: Edufal, 2005, e *O avesso do discurso*, Maceió: Edufal, 2007.

[2] Foram muitas as inquietações acerca das posições teóricas e políticas de Michel Pêcheux durante o movimento estruturalista francês. Diz Pêcheux (1997, p. 293): "Intervir no Marxismo sobre a questão de ideologia, levantando questões sobre sua relação com a Psicanálise

A AD, como área de conhecimento, tem um objeto ao mesmo tempo linguístico e histórico – **o discurso**. Desse lugar teórico, entende-se que o discurso é um todo concreto, "um complexo de processos que remetem a diferentes condições" (PÊCHEUX, 1993, p. 182). Por ser um **todo concreto**, o discurso é resultado e ponto de chegada de um longo processo de abstração da realidade; é **objeto pensado**.[3]

Tratando-se do processo de análise nesta disciplina, o objeto de observação imediata é o texto, a materialidade discursiva, o ponto de partida da investigação, com determinações a serem apreendidas e elaboradas no nível do pensamento. Essas determinações são buscadas de suas manifestações mais simples, como a natureza do léxico que constitui uma cadeia sintagmática. Nesse sentido, diz Pêcheux (1990, p. 50): "a primeira exigência (para o procedimento de análise do discurso) consiste em dar o primado aos gestos de descrição das materialidades discursivas". E esclarece: "Uma descrição, nesta perspectiva, não é uma apreensão fenomenológica ou hermenêutica na qual descrever se torna indiscernível de interpretar: essa concepção da descrição supõe, ao contrário, o reconhecimento de um real específico sobre o qual se instala: o real da língua" (ibid, p. 50).

A descrição das materialidades discursivas e de suas manifestações linguísticas eleva-se ao complexo do funcionamento discursivo constituído pela produção dos sentidos em uma rede de formulações, o interdiscurso, concernente às formações discursivas.[4] Estas, por sua vez, representam as formações ideológicas sustentadoras da ordem social vigente, no caso específico a que se refere este artigo, a formação social capitalista, na qual circulam discursos, cumprindo sua função social. É o funcionamento (não no sentido de **função**, mas de **movimento** que produz efeito – **efeito de sentido**) discursivo que a análise intenta interpretar, identificando o conjunto de enunciados característico do discurso que se apoia em um "sistema de formação".[5] Com base nisso, entende-se, de acordo com Pêcheux

---

e com a Linguística, é, *ipso facto*, mexer com uma espécie de "tríplice aliança" teórica que, na França ao menos, se configurou sob os nomes de Althusser, Lacan e Saussure no decorrer dos anos 60". E, mais adiante, tratando da problemática ("não há fumaça sem fogo") desta aliança: "Intervir filosoficamente obriga a tomar partido: eu tomo partido pelo fogo de um trabalho crítico, [...]". Em suas reflexões Pêcheux analisava as "falhas" do sistema de análise que propôs, entre elas, em referência a um determinado marxismo (o marxismo-leninismo), reconhecia um retorno idealista de um primado da teoria sobre a prática (PÊCHEUX, 1997, p. 299).

[3] Para lembrar Marx (1983, p. 218), "o concreto é concreto por ser síntese de múltiplas determinações, logo a unidade da diversidade".

[4] Em AD, formação discursiva é "aquilo que, numa formação ideológica dada, isto é, a partir de uma posição dada numa conjuntura dada, determinada pelo estado da luta de classes, determina o que pode e deve ser dito (articulado na forma de uma fala, um sermão, um panfleto, uma exposição, um programa etc.)" (PÊCHEUX, 1997, p. 160).

[5] Sistema de formação – "um feixe complexo de relações que funcionam como regra: ele prescreve o que deve ser relacionado com uma prática discursiva" (FOUCAULT, 1987, p. 124).

(1993, p. 79), que "**é impossível analisar um discurso como um texto**, isto é, como uma sequência linguística fechada sobre si mesma, mas que é necessário referi-lo ao conjunto de discursos possíveis a partir de um estado definido das condições de produção".[6]

É fundamentado nas condições de produção de um discurso que se pode identificar um "conjunto de discursos possíveis" no interior de uma formação discursiva, cuja função é dissimular a objetividade contraditória dos discursos. Aqui se pode aludir ao conceito de **prática discursiva**, formulado por Foucault: um sistema de dispersão[7] que, no interior de uma formação discursiva dada, regula os lugares institucionais passíveis de ser ocupados por um sujeito de enunciação. Nesse sentido, "prática discursiva é um conjunto de regras anônimas, históricas, sempre determinadas no tempo e no espaço, que definiram, em uma dada época e para uma determinada área social, econômica, geográfica ou linguística, as condições de exercício da função enunciativa" (FOUCAULT, 1987, p. 136).

As práticas discursivas extrapolam o sentido pragmático inerente às práticas utilitaristas, para cumprir uma função ideopolítica no processo de organização da sociedade de classes,[8] estabelecendo regras enunciativas e regulando lugares discursivos a ser ocupados pelos sujeitos em dada formação social.[9] Para se chegar à compreensão das práticas discursivas das relações de trabalho, faz-se necessário remontar aos elementos constitutivos da formação social na qual se inscrevem. Trata-se aqui da formação social capitalista. Nessa formação, compreende-se a indissociabilidade de suas duas classes fundamentais: a que detém os meios de produção, inclusive a força de trabalho – os capitalistas – e a que vende a força de trabalho – os trabalhadores. As relações sociais dessas classes são conflituosas e estão sempre à mercê da ideologia dominante, simulando evidências de

---

[6] Condições de produção consistem em um conjunto de determinações que caracterizam tanto o processo discursivo "resultado da relação regulada de objetos discursivos correspondentes a superfícies linguísticas" como as características múltiplas de uma "situação concreta" (PÊCHEUX, 1993).

[7] Sistema de dispersão: "um conjunto de regras que são imanentes a uma prática e a definem em sua especificidade" (FOUCAULT, 1987, p. 53).

[8] As relações de classe se caracterizam pelo afrontamento de posições ideológicas e políticas que não dizem respeito à maneira de ser dos indivíduos, mas se organizam em formações que mantêm entre si relações de antagonismos, de aliança ou de dominação (PÊCHEUX, 1993).

[9] Por **formação social**, entende-se um complexo histórico constituído pela "imbricação de diversos modos de produção, ou da existência de formas, provenientes de diversos modos de produção e reestruturadas em função da **dominância** de um dos modos de produção" (ROBIN, 1973, p. 108). Na sociedade capitalista, como em qualquer tipo de sociedade, os homens estabelecem determinadas relações de produção que correspondem a dado grau de desenvolvimento das forças produtivas. A sociedade capitalista tem o capital como sua força econômica que tudo domina. Esta "força" constitui a base material concreta, a estrutura econômica da sociedade, "sobre a qual se eleva uma superestrutura jurídica e política e à qual correspondem determinadas formas de consciência social" (MARX, 1983, p. 24). Este complexo em que opera a dominância do capital chama-se Formação Social Capitalista.

coerência de objetivos entre elas. A ideologia produz mecanismos para a conservação das diferenças entre trabalhador e capitalista, necessárias ao funcionamento das relações de produção na sociedade de classe. Pode-se mesmo dizer que a ideologia (para Pêcheux), assim como as práticas discursivas (para Foucault), tem a função de "mostrar" aos sujeitos seu lugar no interior desta sociedade.[10]

Ocorre que a ideologia não se dá a perceber imediatamente; ela se apresenta em formações ideológicas específicas. Desse modo, "cada formação ideológica constitui um conjunto complexo de atitudes e representações que não são nem 'individuais', nem 'universais', mas se relacionam mais ou menos diretamente a **posições** *de classe* em conflito umas com as outras (HAROCHE et al., 1971, apud PÊCHEUX e FUCHS, 1993, p. 166).

Identificam-se na sociedade capitalista duas formações ideológicas fundamentais para cumprir a função de dissimular evidências de parcerias entre as classes e, assim, manter a ordem de dominância do capital. A formação ideológica que "promulga" e faz vigorar as ideias, os valores do capitalismo, é a Formação Ideológica do Capitalismo; e a formação ideológica que a contraria, que reivindica a dominância do trabalho, é a Formação Ideológica do Trabalho. São essas duas formações ideológicas que orientam a prática da sociedade capitalista, sob a dominância da primeira, por ser a ideologia da classe dominante.[11] Cada formação ideológica é representada por diversas formações discursivas, que estabelecem em seu campo discursivo as regras do dizer e têm em seu interior um sistema regulador de dispersão – as práticas discursivas de determinados grupos, instituições, lugares sociais. Em vista disso, compreende-se que não se pode dizer tudo ou qualquer coisa em qualquer lugar; diz-se o que é permitido dizer no espaço discursivo ordenado pelas práticas discursivas de formações discursivas específicas.

---

[10] É interessante observar que a noção de prática discursiva usada por Foucault traz o sujeito como seu centro e resultado; o foco é a formação identitária do sujeito – a subjetividade. Por sua vez, para Pêcheux, com base em Althusser, o sujeito é interpelado pela ideologia; é na luta ideológica de classes que se produz o efeito-sujeito; o foco é a formação sócio-histórica do sujeito – a historicidade. Esses dois conceitos – prática discursiva e ideologia – representam a tensão teórica do pensamento desses dois autores. No entanto, a análise de Amaral mostra que as funções sociais dessas noções, ambas, resguardadas suas diferenças, cumprem o papel de apontar ao sujeito o lugar discursivo (para Pêcheux) ou o lugar institucional (para Foucault) que ocupa ou pode ocupar na sociedade em que está inserido; ambas mostram as possibilidades e os limites do sujeito de pontos diferentes: o poder da subjetividade e o poder da história (em que se inclui a ideologia). Para um estudo aprofundado acerca da teoria de Foucault e de Pêcheux, consulte Gregolin (2004).

[11] Marx e Engels (1986, p. 72): "As ideias da classe dominante são, em cada época, as ideias dominantes; isto é, a classe que é a força material dominante da sociedade e, ao mesmo tempo, sua força espiritual dominante. A classe que tem à sua disposição os meios de produção material dispõe, ao mesmo tempo, dos meios de produção espiritual, o que faz com que a ela sejam submetidas, ao mesmo tempo e em média, as ideias daqueles aos quais faltam os meios de produção espiritual".

Na formação social capitalista, tem-se, entre outras, uma formação discursiva identificada pela autora desse texto como uma formação discursiva dominante: a Formação Discursiva do Mercado (AMARAL, 2005). Nesta, encontram-se práticas discursivas reguladoras das relações de trabalho. Quais seriam os elementos de saber constitutivos de uma formação discursiva do mercado que autorizam o funcionamento de uma prática discursiva das relações de trabalho? No próximo item, busca-se responder a isso.

Práticas discursivas das relações de trabalho na formação discursiva do mercado

A Formação Discursiva do Mercado se define como um lugar de encontro entre elementos de saber já sedimentados, produzidos em outros discursos, que são convocados em seu interior para ser confirmados ou negados, por meio das práticas discursivas destinadas a organizar os discursos que representam. Os elementos de saber constitutivos da Formação Discursiva do Mercado estão ancorados em fundamentos da formação ideológica capitalista que, *grosso modo*, consideram existir apenas um caminho para a felicidade e a liberdade do homem: seguir as determinações do mercado. Desse lugar discursivo, diz-se que os indivíduos não podem ser livres se estiverem isolados; somente inseridos nas instituições do mercado (nas empresas, em suas mais diversas formas, desde as produtoras de matéria-prima até as administradoras de títulos ou prestadoras de serviços) poderão experienciar a liberdade.

O mercado se constitui em uma particularidade reguladora da relação capital/trabalho. Por se constituir nessa sociedade como dominante, ele se reveste de uma "universalidade" que anula e oculta a realidade dos conflitos entre as classes. Todavia, paradoxalmente, esse "ente" mediador se propõe a negar a universalidade da qual é originário; quer negar uma universalidade que, como efeito ideológico, simula evidências de unicidade, de igualdade, de homogeneidade, em uma sociedade que se sustenta na relação entre contrários, na fragmentação, na diferença, na heterogeneidade. Nesse sentido, o mercado aparece (não que não tenha estado sempre presente) como um "lobo disfarçado de cordeiro" (JAMESON, 1996) ou como um "salvador", aquele que "arrebatará das trevas" todos os indivíduos e lhes dará uma "sombra ao pé de jequitibá".[12] Todas essas metáforas

---

[12] Essa expressão metafórica é atribuída a Monteiro Lobato; foi produzida em 1942, no documento "Apelo aos nossos Operários" (apud CAMPOS, 1992).

aqui articuladas em uma só formulação mostram como o efeito de identificação dos indivíduos por meio da Formação Discursiva do Mercado é sedutor, ao ponto de fazer da derrota de uns o sucesso de outros. A separação que fortalece a lei do individualismo é incorporada na vida dos homens como uma vitória, uma conquista do "respeito a si mesmo", em detrimento do respeito ao homem.

Ao se dispor como o meio pelo qual a liberdade dos homens se efetivará, o mercado oferece aos indivíduos a possibilidade de realizar "a experiência"[13] no processo identitário necessário à sua constituição de **sujeito de direito, proprietário, livre para intercambiar**. Os fundamentos de liberdade propagados pelo mercado advêm de um discurso liberal revisto e reelaborado, que se estabelece como uma nova concepção política e econômica para a sociedade contemporânea, o neoliberalismo. Para esse discurso, a liberdade ocorre garantida por lei, prometendo-se assegurar ao indivíduo o direito à propriedade privada e à livre-iniciativa. Esses são direitos inalienáveis e intocáveis dos indivíduos de sociedades ocidentais, em que a liberdade tem forte conotação jurídico-política, visto que os direitos de todos são constitucionalizados, organizados institucionalmente, assegurados legalmente. A noção de liberdade divulgada pelo mercado está associada à de direito à propriedade privada, o direito que é dado ao indivíduo para "desfrutar do seu patrimônio e dele dispor arbitrariamente [...], sem atender os demais homens, independentemente da sociedade, é o direito do interesse pessoal" (MARX, 1988, p. 42-3).

Para que essa liberdade de direito à propriedade possa ser assegurada, associa-se à noção de igualdade, instituída pelo princípio de que todos são iguais perante a lei, segundo reza a Declaração dos Direitos do Homem e do Cidadão de 1789, em seu artigo 3º: "Todos os cidadãos têm idêntica dignidade social e são iguais perante a lei". Esse princípio pode ser interpretado na forma como circula nos tribunais: "A lei é igual para todos", o que também atribui conotação jurídico-política à noção de igualdade. Os indivíduos são iguais para gozar os mesmos direitos fundamentais (aqueles e somente aqueles) garantidos na Constituição (BOBBIO, 1990). É com base nesses princípios, da liberdade e da igualdade, que o mercado desempenha a função que lhe foi designada: **promover uma sociedade livre**.

---

[13] A experiência para a sociedade moderna tem um caráter de imediaticidade; ela está calcada na relação imediata dos indivíduos com a realidade. Negando-se a história, a experiência é decantada para fortalecer dada formação ideológica, aquela sobre a qual se sustentam as relações sociais da sociedade capitalista (Chauí, 1997).

As práticas discursivas das relações de trabalho e a cultura da participação

Conforme se demonstrou nos itens anteriores deste capítulo, às formações discursivas associam-se as práticas discursivas como operadoras de um sistema de dispersão capaz de orientar os sujeitos em suas ações enunciativas. Pode-se trazer para esse campo regulador de atitudes, individuais e coletivas, outra rede de formulações, caracterizada de forma genérica como **cultura**. Da mesma forma que a ideologia e as práticas discursivas, a cultura exerce a função social de definir objetivos, valores morais, intelectuais e estéticos necessários à organização, à divisão e à direção do trabalho em sociedade. Fazem-se aqui essas reflexões aproximativas, resguardando-se as devidas distinções entre os conceitos de ideologia, prática discursiva e cultura. Aliás, Marcuse (1998, p. 154) refere-se à cultura, em vista dos objetivos da civilização ocidental, como um complexo maior que a ideologia. Entende ser a cultura um

> "processo de **humanização** caracterizado pelo esforço coletivo para conservar a vida humana, para pacificar a luta pela existência ou mantê-la dentro de limites controláveis, para consolidar uma organização produtiva da sociedade, para desenvolver as capacidades intelectuais dos homens e para diminuir e sublimar a agressão, a violência e a miséria".

Sob essa ótica, uma revisão de dada cultura envolve questões concernentes à incorporação de valores morais, dogmas, princípios e crenças pelas instituições sociais, grupos e relações sociais. O que se observa hoje nas propostas de reestruturação das relações de trabalho veiculadas por uma prática discursiva de transformações societárias é a convocação de mudanças dos padrões de organização e o controle da força de trabalho dentro das empresas. Isso implica revisitar a noção de cultura organizacional, que estabeleceu metas e objetivos declarados como pretensões institucionais. Desse acontecimento discursivo – as mudanças no mundo do trabalho – decorrem as orientações dos consultores de processos de qualificação das empresas, para competirem no mercado desta sociedade globalizada: "**as regras que querem quebrar, os dogmas que querem derrubar**". Segundo Franco (1996), essa é a "receita" do consultor de empresas Gary Hamel. Convocam-se as "organizações empresariais" para mudar seu sistema cultural, seus saberes já sedimentados, para instalar um novo sistema de controle em novas práticas discursivas, reconhecendo-se, contudo, que esse é um processo lento e gradual. Diz o discurso da mudança nas empresas: "**A adoção de novos valores é um processo lento e gradual, que deve levar em conta a cultura existente na organização**" (SEBRAE/FOLHA DE S. PAULO, Fasc. 1, fl. 4, 1994).

Observe-se que a expressão **adoção** produz um efeito de voluntariedade, de livre escolha, pressupondo que os indivíduos aderirão aos novos valores por espontânea vontade. O discurso sugere que **a adoção de novos valores** não poderá ser imposta, mas consentida pelos sujeitos da empresa. Essa prática discursiva nas relações de trabalho estabelece um processo ilusório nas relações de trabalho (ao acionar o sentido de liberdade que sustenta a sociedade capitalista, discutido anteriormente). Parece que os sujeitos poderão optar entre manter ou **quebrar/derrubar as regras** e os **dogmas** que fazem parte de uma cultura tradicional e, assim, **adotar os novos valores** que lhes permitirão competir no mercado. Para que os sujeitos possam optar entre adotar ou não adotar "novos valores", explicita-se que o processo de mudança dentro da empresa funcionará com base no conhecimento da estrutura tradicional.

Nesse procedimento, a prática discursiva das relações de trabalho produz um simulacro de mudança que considera a vontade e a escolha dos sujeitos como determinantes da mudança cultural. Essa prática discursiva estabelece regras de respeito – (**levar em conta**) a **cultura existente na empresa** – e explicita formas de representação das "velhas ideias" (**regras e dogmas**) para serem "negadas" e "novas ideias" para serem "adotadas". As velhas ideias apontam para a cultura tradicional, do espaço e do tempo do "discurso da administração científica", fundamentado nos estudos de Frederick Taylor, na primeira década do século 20 (CHIAVENATO, 1993), e na experiência de Henry Ford, que serviram de modelo para o desenvolvimento industrial desde a década de 1920. As "novas ideias" referem-se à administração **eficaz**, pautada no **espírito de colaboração e iniciativa daqueles que acreditam no trabalho**; são representadas pelo discurso da **gerência moderna**. Assim, o sujeito do discurso, o que traduz o sistema de dispersão da prática discursiva das relações de trabalho, o porta-voz do discurso assumido pelos consultores, pelos empresários ou pelos teóricos da administração e gestão de empresas, desloca-se entre o discurso da gerência tradicional, o qual procura destituir, e o discurso da gerência moderna, para o qual busca adeptos. Nessas duas posições discursivas, é demarcada a fronteira entre o passado, "o tradicional", e o futuro, "o moderno". Nesse movimento da prática discursiva das relações de trabalho, ressalta-se um discurso de caráter **fundacional**,[14] porque se apresenta como se fosse um discurso novo que poderá criar uma nova cultura em uma mesma sociedade.

Os processos discursivos constitutivos das práticas discursivas das relações de trabalho estão associados a um complexo conceitual da teoria da gerência científica, produzindo efeitos de deslocamentos entre os sentidos das temáticas que configuram a mudança cultural proposta pelo discurso: mudança dos valores, dos dogmas e a adesão a novas ideias. Essas novas ideias, conforme os fragmentos dos discursos apontados neste artigo, seriam consolidadas pela **cultura da participação**, a saber: "**É preciso criar a cultura da participação e passar as informações necessárias aos empregados**" (SEBRAE/FOLHA DE S. PAULO, Fasc. 1, fl. 5, 1994).

O tema "participação", apropriado pela prática discursiva das relações de trabalho, traz para a cena discursiva um toque de "prática democrática". As práticas democráticas constituem manifestações que expressam as formas político-sociais sobre as quais as relações de poder entre os homens são, historicamente, orientadas e organizadas. Nesse sentido, a prática democrática das sociedades "modernas" tem se desenvolvido da relação política entre uma concepção de Estado liberal e os princípios de governabilidade advindos de uma concepção de democracia; dessa relação resulta o chamado regime liberal-democrata ou democracia liberal[15] (BOBBIO, 1990; CHAUÍ, 1997). Em vista disso, as práticas discursivas das relações de trabalho dessa sociedade apropriam-se dos ideais de liberdade e dos princípios da liberal-democracia, enquanto direito à participação nas decisões da empresa, assim como o direito que ao indivíduo é dado para votar, escolher seus governantes e até sugerir encaminhamentos da política e programas sociais, por meio dos conselhos sociais ou comunitários.

Com certeza, conforme sugere o enunciado do Sebrae (1994), instalar a cultura da participação nas empresas é tarefa do empresário, que deverá

[14] Um discurso fundacional distingue-se de um discurso fundador. Este seria o discurso verdadeiramente novo, o que instaura uma ruptura e cria uma nova formação discursiva em uma nova formação social; aquele se pretende novo, mas apenas produz uma ilusão de corte ou ruptura com os processos de sentido sedimentados nas formações discursivas representantes da formação ideológica dominante. Para um aprofundamento dessa discussão, recomendam-se os trabalhos de Orlandi (1993), Celada (1993), Zoppi-Fontana (1993) e Amaral (2005).

[15] Nessa forma de expressão do regime político da sociedade moderna, ocorre uma combinação dos ideais liberais com os métodos democráticos, resultando nas noções de liberdade, igualdade e participação. A liberdade é vista como um direito que extravasa o direito à propriedade, passando a ser subordinada à liberdade de opinião e de voto; "a liberdade é um ato subjetivo da vontade e por isso se exprime como capacidade de escolher" (Chauí, 1997, p. 207); a participação se expressa como a participação no voto, uma oportunidade dada ao indivíduo de expressar sua opinião, na imprensa, na reunião, na associação etc., "liberdades que se constituem na essência do Estado liberal, e que enquanto tais passam por pressupostos necessários para que a participação seja real e não fictícia" (Bobbio, 1990, p. 44); já a igualdade se exprime pela garantia jurídica dos direitos de todos: "todos são iguais perante a lei".

passar as informações necessárias aos empregados. O empresário é o porta-voz do discurso da nova cultura; ele é o "condutor" do processo de mudança na empresa. Explicita-se no enunciado referido uma atitude de "recomendação" originada da expressão **é preciso (é preciso criar a cultura da participação e passar as informações necessárias aos empregados)**. Está implícito o "continuísmo" da ordem hierárquica que regula as relações de trabalho dentro da empresa: "alguém" (que não é empregado) "cria a cultura" e "passa informações necessárias aos empregados". Daí se deduz que, se existe alguém que pode criar/passar, existe quem recebe/executa, estabelecendo-se, assim, uma relação de superioridade/inferioridade, ordem-comando/obediência; consequentemente, cria-se a ilusão de que o sujeito é livre, "senhor do seu destino", podendo escolher entre mudar ou não mudar as regras e os dogmas que consolidaram uma cultura de administração das relações de trabalho até os dias atuais.

Esta prática discursiva, além de criar a ilusão de "dono do destino", cria também a ilusão de "dono do dizer": o sujeito acredita que tem o poder de definir o que falar e o que calar diante das informações a serem passadas aos "empregados". Entretanto, o que pode e não pode ser dito é autorizado pela Formação Discursiva do Mercado, representante do sujeito ideológico – o capitalismo. É essa formação discursiva que define o que não pode ser dito, a fim de preservar a relação hierárquica sob a qual o poder é exercido. Essa formação aciona o sistema de dispersão, nessa prática discursiva das relações de trabalho, para estabelecer as regras com base nas orientações determinadas pela formação discursiva que representa. Evidencia-se, assim, que a hierarquização na gestão empresarial de gerência moderna entra em conflito com o sentido de "democratização" que o tema da **participação** sugere.

Concluem-se essas reflexões introdutórias acerca das práticas discursivas nas relações de trabalho com o pensamento de Oldrini (1995, p. 120), que sugere atentar para o fato de que a sociedade burguesa da atualidade se sustenta em um "sistema universal de manipulação, travestido de 'democracia'".

Referências

AMARAL, M. V. B. *Discurso e relações de trabalho*. Maceió: Edufal, 2005.

_____. *O avesso do discurso*: práticas discursivas nas relações de trabalho. Maceió: Edufal, 2007.

BOBBIO, N. *Liberalismo e democracia*. São Paulo: Brasiliense, 1990.

CAMPOS, V. F. *TQC*: controle de qualidade total (no estilo japonês). Belo Horizonte: Fundação Christiano Ottoni, 1992.

CELADA, M. T. A fundação de um destino para a pátria Argentina. In: ORLANDI, E. (org.). *Discurso fundador*: a formação do país e a construção da identidade nacional. Campinas: Pontes, 1993.

CHAUÍ, M. *Cultura e democracia*, 7. ed. São Paulo: Cortez, 1997.

CHIAVENATO, I. *Introdução à teoria geral da administração*. 4 ed. São Paulo: Makron Books, 1993.

COURTINE, J.-J. *Metamorfose do discurso político*: derivas da fala pública. São Carlos: Clara Luz, 2006.

_____. Quelques problèmes théoriques et méthodologiques en analyse du discours: à propos du discours communiste adresse aux chrétiens. *Langages*, Paris, Larousse, n. 62, p. 9-127, 1981.

DOSSE, F. *História do estruturalismo*, v. 1. São Paulo: Ensaio; Campinas: Unicamp, 1993.

FOUCAULT, M. *A arqueologia do saber*. Rio de Janeiro: Forense Universitária, 1987. (Tradução de Luiz Felipe Baeta Neves)

FRANCO, C. de G. Reinvenção da empresa é aconselhada. *Folha de S.Paulo*, 26 de agosto de 1996. Seção Mercado. Disponível em: <http://www1.folha.uol.com.br/fsp/1996/8/26/dinheiro/>. Acesso em: 21 mar. 2014.

GREGOLIN, M. R. *Foucault e Pêcheux na construção da análise do discurso*: diálogos e duelos. São Carlos: Clara Luz, 2004.

JAMESON, F. *Pós-modernismo*: a lógica cultural do capitalismo tardio. São Paulo: Ática, 1996.

MARCUSE, H. *Cultura e sociedade*, v. 2. Rio de Janeiro: Paz e Terra, 1998.

MARX, K. *Contribuição à crítica da economia política*. São Paulo: Martins Fontes, 1983.

_____. *O capital*. Livro 1, v. 1. Rio de Janeiro: Bertrand Brasil S/A, 1988. (Tradução de Reginaldo Sant'ana)

_____. *Manuscritos econômico-filosóficos*. Lisboa: Edições 70, 1989.

MARX, K.; ENGELS, F. *A ideologia alemã*. São Paulo: Hucitec, 1986.

OLDRINI, G. Lukács e o caminho marxista ao conceito de "pessoa". *Práxis*, Belo Horizonte, Projeto Joaquim de Oliveira, n. 3, 1995.

ORLANDI, E. P. Vão surgindo sentidos. In: ORLANDI, E. P. *Discurso fundador*: a formação do país e a construção da identidade nacional. Campinas: Pontes, 1993.

PÊCHEUX, M. *O discurso*: estrutura ou acontecimento. Campinas: Pontes, 1990. (Tradução de Eni Orlandi)

_____. Análise Automática do Discurso (AAD-1969). In: GADET. F.; HAK, T. (orgs.). *Por uma análise automática do discurso*: uma introdução à obra de Michel Pêcheux. Campinas: Unicamp, 1993. (Tradução de Eni Orlandi)

_____. *Semântica e discurso*: uma crítica à afirmação do óbvio. Campinas: Unicamp, 1997. (Tradução de Eni Orlandi et al).

_____; FUCHS, C. A propósito da análise automática do discurso: atualização e perspectivas (1975). In: GADET, F.; HAK, T. (orgs.). *Por uma análise automática do discurso*: uma introdução à obra de Michel Pêcheux. Campinas: Unicamp, 1993. (Tradução de Péricles Cunha)

ROBIN. R. *História e linguística*. São Paulo: Cultrix, 1973.

SEBRAE/FOLHA DE S.PAULO. Suplemento *Qualidade Total*. 8 fascículos, 13 mar. 1994/ 01 maio 1994.

ZOPPI-FONTANA, M. Sonhando a pátria: os fundamentos de repetidas fundações. In: ORLANDI, E. (org.). *Discurso fundador*: a formação do país e a construção da identidade nacional. Campinas: Pontes, 1993. p. 127-49.

COMUNICAÇÃO E SIGNIFICADO NAS ORGANIZAÇÕES: SEMIÓTICA DO PODER E DO CONTROLE SOCIAL NA ORGANIZAÇÃO ADMINISTRATIVA DO ESTADO NAZISTA

Izidoro Blikstein

> Aprendemos rapidamente que os hóspedes do Campo dividem-se em três categorias: os criminosos, os políticos e os judeus. Todos vestem roupa listrada, todos são Häftlinge, mas os criminosos levam, ao lado do número, costurado no casaco, um triângulo verde; os políticos, um triângulo vermelho; os judeus, que formam a grande maioria, levam a estrela judaica, vermelha e amarela. Os SS estão aqui, sim; poucos, porém fora do campo, e raramente aparecem. Nossos verdadeiros patrões são os triângulos verdes [...] (LEVI, 1988, p. 31).

O poder dos signos nos campos de concentração nazistas

O poder pode ser exercido por meio de múltiplos instrumentos. Nos campos de concentração nazistas, um método para controlar os prisioneiros era classificar seu comportamento por meio de signos. Neste capítulo, nosso objetivo é apresentar uma análise semiótica da tabela a seguir, que apresenta os signos utilizados pela administração nazista para identificar o perfil dos prisioneiros.

Tabela 8.1 – Signos nazistas para classificar prisioneiros

Fonte: Distel; Jakusch (1978, p. 58).

A semiótica do poder

Controlada por um código de combinações de figuras (triângulo, estrela) e cores (vermelho, verde, amarelo, rosa), essa tabela era um autêntico sistema semiótico, cujos signos indicavam, com minúcia e precisão, as características socioculturais e psicológicas dos detentos, tais como origem étnica, ideologia, comportamento, personalidade etc. Perante essa tabela, uma questão me pareceu fundamental: como explicar o emprego específico dessas figuras e cores? Um exame mais atento tornou evidente que esse sistema de signos era tributário de outro sistema maior, isto é, o sistema administrativo do campo de concentração, e ainda o fato de que esse sistema, por sua vez, estava inserido no macrossistema da organização administrativa do nazismo. A tabela de signos, portanto, apenas poderia ser explicada no esquema apresentado na Figura 8.1.

Figura 8.1 – Macrossistema do nazismo

Sistema do campo de concentração

Tabela de classificação dos detentos

Macrossistema do **nazismo**

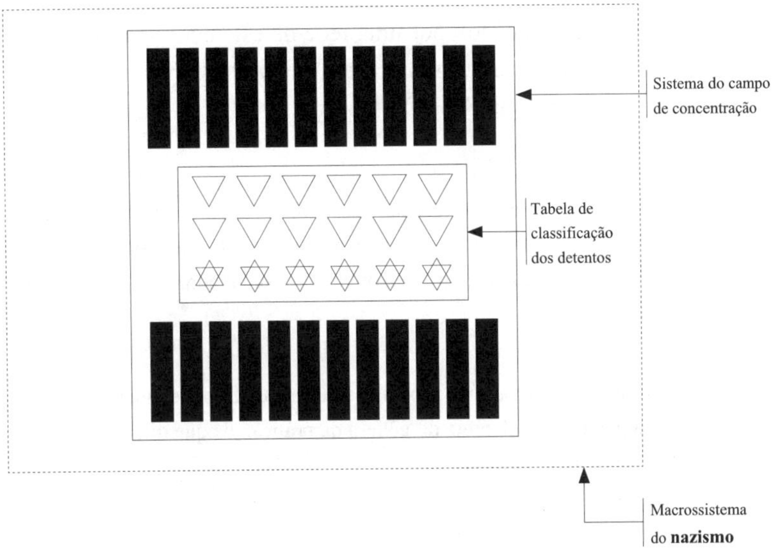

Fonte: Proposta pelo autor.

Esse esquema da Figura 8.1 abre espaço para a análise semiótica, uma vez que, como propõe M. Bakhtin, um microssistema de signos somente pode ser compreendido e interpretado no contexto das dimensões socioculturais e ideológicas do macrossistema em que está inserido. Foi assim que a análise da tabela classificatória propiciou-me compreender a semiótica do poder totalitário, praticada até as últimas consequências pelo estado nazista. Compreender o sistema de signos dos prisioneiros é compreender como a semiótica do poder pode instalar-se e, pouco a pouco, ser aceita como "normal".

Pressupostos teóricos para a análise semiótica da tabela classificatória

Alguns anos atrás, depois de ter participado de um congresso organizado pela Associação Internacional de Semiótica, em Viena, fui à Alemanha, a fim de conhecer o campo de concentração de Dachau. Foi justamente no museu do campo que encontrei uma cópia do quadro de classificação dos prisioneiros. Esse "achado" coincidiu com a encruzilhada teórica em que me encontrava; estava preocupado com uma questão básica para a investigação linguística e semiótica: as relações entre os signos, a significação e a realidade. De meu ponto de vista, considero que o processo da "significação" tem início antes mesmo da constituição dos signos; ele seria desencadeado por uma rede de estereótipos e "corredores" semânticos, criados por nossas práticas culturais ou, melhor dizendo, pela **práxis.** De acordo com Schaff:

> [...] a estrutura da percepção sensorial, o modo de articulação pelos sentidos do mundo exterior dependem dos esquemas conceituais que foram adquiridos nos processos cognitivos do mundo [...] (SCHAFF, 1974, p. 237).

> ...os conteúdos e os modos de percepção e de conhecimento humano dependem igualmente do gênero da prática...de que dispõe o homem [...] (ibid, p. 237).

Com base nessas considerações, pareceu-me razoável supor que, na dimensão da **práxis** vital, o homem **cognoscente** desenvolve, para existir e sobreviver, mecanismos não verbais de identificação e de diferenciação; para mover-se no tempo e no espaço de sua comunidade, o indivíduo estabelece e articula traços de identificação e diferenciação com os quais ele começa a reconhecer e a selecionar, por entre os estímulos do universo amorfo e contínuo da realidade, as cores, as formas, os sons, as funções, os espaços e os tempos necessários para sua sobrevivência. Esses traços discriminatórios e seletivos acabam por adquirir, no contexto da **práxis,** valores positivos ou meliorativos por oposição a valores negativos ou pejorativos; é assim que os traços de identificação e de diferenciação, impregnados de valores meliorativos ou pejorativos, transformam-se em traços ideológicos. Aqui eclode a semiose (ou o processo da significação: os traços ideológicos desencadearam uma configuração de "moldes" ou "corredores semânticos" por meio dos quais escorrerão as linhas fundamentais da significação, ou melhor, as **isotopias** da cultura de uma comunidade. Em nossa cultura, por exemplo, **estar de pé** ou **em posição vertical** é um traço meliorativo, enquanto **estar deitado** ou **em posição horizontal** teria, em princípio, um valor pejorativo; os corredores semânticos ou isotópicos da verticalidade meliorativa *versus* a horizontalidade pejorativa se formam por meio desses traços ideológicos.

Assim, na arquitetura das catedrais góticas, das pirâmides maias ou dos arranha-céus das grandes cidades, a verticalidade é um signo evidente de **superioridade** ou de **majestade**. É pertinente mencionar os grandes corredores isotópicos que recortam o universo de formas, cores e espaços em nossas comunidades: superioridade meliorativa *versus* inferioridade pejorativa, anterioridade meliorativa *versus* posterioridade pejorativa, retitude meliorativa *versus* sinuosidade pejorativa, dureza meliorativa *versus* moleza pejorativa, branquidade meliorativa *versus* escuridade pejorativa etc. São justamente esses corredores semânticos ou isotópicos que vão balizar nossa percepção/cognição, criando os modelos perceptivos ou **óculos sociais**, de acordo com Schaff (1974, p. 237): "[...] o indivíduo percebe o mundo e o capta intelectualmente por meio de óculos sociais [...]".

Tais modelos perceptivos ou **óculos sociais** constituem, em última análise, os estereótipos de percepção. E é com esses estereótipos produzidos pelos corredores isotópicos que nós **vemos** a realidade e fabricamos o referente, conforme o esquema da Figura 8.2.

Figura 8.2 – Esquema de práxis nazista

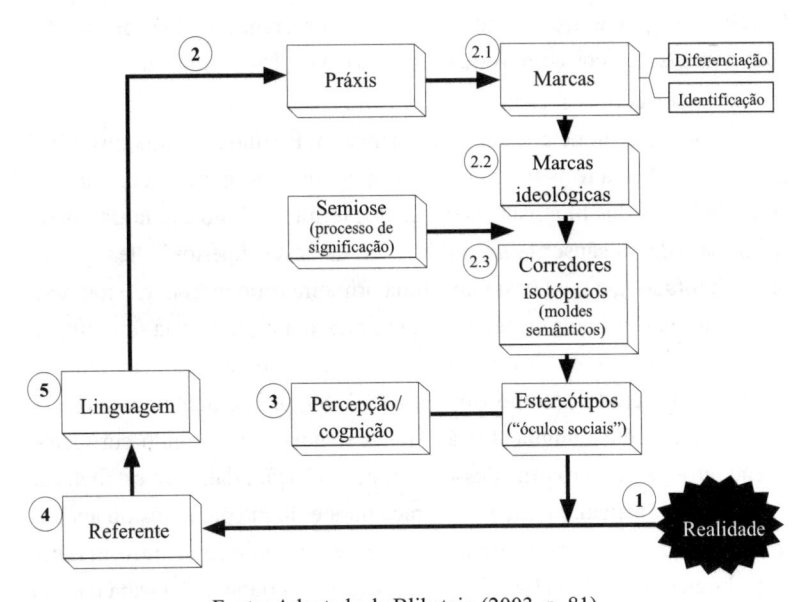

Fonte: Adaptada de Blikstein (2003, p. 81).

Esse aparelho teórico é o fundamento de meu ensaio *Kaspar Hauser ou a fabricação da realidade* (BLIKSTEIN, 2003).

Resumindo o processo da significação, teríamos, primeiramente, a formação de uma **práxis** (ou práticas culturais) por meio de traços ideológicos de identificação e de diferenciação; tais traços, por sua vez, criarão os corredores semânticos ou isotópicos meliorativos ou pejorativos (alto/baixo, branco/negro, de pé/deitado, reto/sinuoso, vertical/horizontal, superior/inferior etc.). Esses corredores ou isotopias produziram os estereótipos de nossa percepção/cognição, moldando ou **fabricando** a realidade, ou melhor, o referente. É a esse referente ou "real" que estão ligados os signos e símbolos dos sistemas semióticos.

A práxis nazista: ariano x semita

A doutrina nazista tem por base a exaltação do indivíduo simples, forte, ereto, ligado à vida pura do campo e cercado pela natureza; era necessário evitar os pretensos intelectuais, poluídos e corrompidos pelo individualismo e por ideias políticas voltadas para liberdade e democracia. O nazismo aplicará essa doutrina até as últimas consequências. É preciso observar que o contexto político, econômico e social da Alemanha exigia uma doutrina forte, capaz de recuperar o moral do povo, devastado pela guerra, a desunião, a miséria, a fome e as ideologias subversivas. A recuperação, a purificação, a força e a necessidade de união começaram a moldar os grandes corredores isotópicos com os quais a doutrina nazista se estruturou.

Esses corredores foram atados por um traço semântico que lhes deu consistência e coerência: o mito do arianismo. Partindo de uma discutível teoria linguística a respeito do indo-europeu (ou indo-germânico, segundo as preferências dos linguistas alemães), os termos **ariano** e **arianismo** derivam da palavra sânscrita *arya* ("homem de casta superior", "leal", "nobre", "honrado"), a qual designava uma primeira tribo indo-europeia; *arya* representaria o primeiro estágio de uma raça pura que falaria uma língua perfeita: o *indo-ariano*. Por um autêntico "tour de force", alguns linguistas (alemães, sobretudo!), como Bopp (1885-1889, p. 3) e Schleicher (1860), consideravam que a língua alemã – que pertencia ao ramo indo-europeu – se encontraria bem próxima desse nível de perfeição: daí, para estabelecer uma relação **natural** e **lógica** entre raça pura e língua pura, bastou apenas um passo adiante. O povo germânico representaria o *arya* ou o **ariano**: puro, branco, forte e inteligente. Em oposição ao ariano, a doutrina nazista encontrou no semita as características negativas que permitiriam evidenciar os traços meliorativos do arianismo; assim, enquanto, de um lado, o ariano representava a pureza, a branquitude, a retitude, o contato com a natureza, o judeu, por sua vez, representava a corrupção, a escuridade, a sinuosidade, as cercanias sombrias da cidade. Do lado ariano, reinaria a saúde, enquanto o semita seria a própria doença; os arianos estariam ligados à terra, e seu sangue não teria sido corrompido (daí a expressão usada pela retórica nazista, em defesa do sangue e da terra ariana: *Blut und Boden)*, mas os degenerados semitas viveriam em um ambiente artificial, sombrio e deteriorado. Essas oposições entre os corredores isotópicos dos arianos e dos semitas vão refletir-se nos vários tipos de discursos produzidos pelo nazismo; neles aparecem, com toda a nitidez, os traços semânticos da ordem, do alinhamento, da pureza, da retitude, da verticalidade etc., em todos os atos de comunicação nazistas, tais como os desfiles militares, as exibições de armamentos de guerra, a atitude ereta e vertical, assim como o olhar corajoso e puro dos soldados nos cartazes e filmes, os rostos e a expressão corporal dos atletas filmados por Leni Riefenstahl nos jogos olímpicos de 1936, os vários signos e símbolos dos mitos teuto-arianos, criados pela propaganda nazista.

Em oposição às representações do ariano, essa mesma propaganda nazista mostrava o semita como um ser torto, sinuoso, sombrio, sujo e corrompido.

Os campos de concentração: o cenário da práxis nazista

Todos esses pressupostos teóricos devem ter tido uma forte influência no modo pelo qual comecei a perceber o campo de concentração de Dachau. Com efeito, à medida que percorria o espaço de Dachau e observava os restos bem conservados em um dos mais completos universos concentracionários do sistema nazista (Dachau abrange praticamente todo o período nazista, de 1933 a 1945), pude constatar como a organização e o planejamento do campo traduziam exatamente toda a estrutura dos corredores semânticos ou isotópicos criados pela práxis nazista: verticalidade, alinhamento, retitude, pureza, limpeza etc. Em suma, Dachau (e outros campos, sobretudo Auschwitz-Birkenau) – no planejamento de seu espaço residencial, na divisão e organização dos trabalhos e tarefas dos prisioneiros, em seu *modus vivendi* – era controlado exatamente pelos corredores isotópicos do arianismo. Tal controle se realizava semioticamente por meio de signos verbais e não verbais (gestos, movimentos corporais, espaços, distâncias, tempos). O discurso verbal do nazismo servia para reforçar permanentemente as isotopias arianistas, assinaladas com toda a fidelidade, por exemplo, no teto do *Wirtschaftsgebäude*, grande edifício de Dachau em que se encontravam as instalações necessárias à vida no campo: cozinha, chuveiros, armazém de víveres: «*Es gibt einem Weg zur Freiheit. Seine Meilensteine heissen: Gehorsam – Fleiss – Ehrlichkeit –*

Ordnung – Sauberkeit – Nüchternheit – Wahreit – Opfersinn und Liebe zum Vaterland» (Existe um caminho para a liberdade. Suas balizas são: obediência – zelo – honestidade – ordem – limpeza – moderação – verdade – espírito de sacrifício – amor pela pátria) (BERBEN, 1996, p. 8). Quanto ao controle exercido pelos signos não verbais, basta examinarmos a planta do campo apresentada na figura a seguir.

Figura 8.3 – Planta do campo de concentração

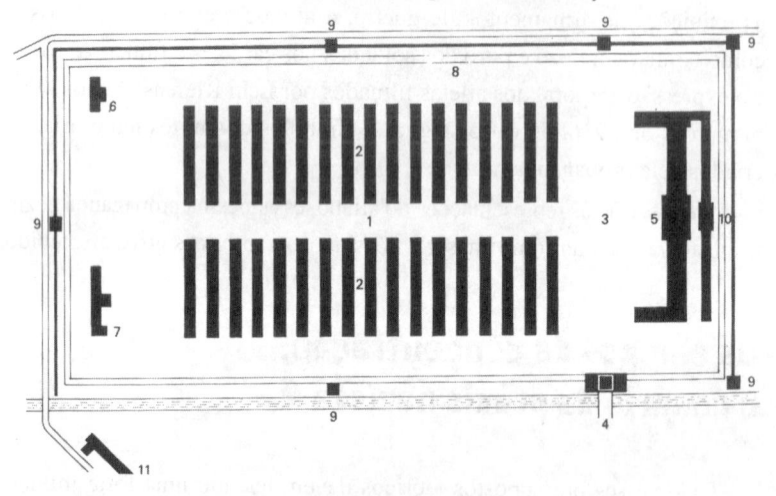

1. Rua principal
2. Barracões
3. Praça de chamada dos prisioneiros
4. Entrada do campo
5. *Wirtschaftsgebäude* (cozinha, chuveiros, armazém de víveres)
6. Bloco de desinfecção
7. Horta
8. Fosso com cerca de arame farpado eletrificado e muros do campo
9. Torres de vigia
10. *Bunker* (abrigo e barracão de prisioneiros)
11. Crematório

Fonte: Adaptada de Distel; Jakusch (1978, p. 41).

Podemos observar como as torres de vigia constituem o elemento vertical de controle dos prisioneiros; a organização de suas vidas é determinada pela ordem e pelo alinhamento horizontal, desde a disposição e o arranjo espacial dos barracões até a formação na praça de chamada dos detentos, o trabalho organizado, a alimentação, o lazer, a higiene corporal etc. É evidente que a transgressão da ordem, do alinhamento ou da limpeza (a transgressão, portanto, das isotopias da retitude, da verticalidade e da limpeza) seria punida no próprio espaço do campo: tortura na prisão, morte no fosso, nas câmaras de gás e nos crematórios; mas a obediência a esses corredores isotópicos seria recompensada, pois uma inscrição em letras de ferro forjado, fixada na grade do portão da entrada principal do campo, advertia que "**o trabalho faz a liberdade**" *(Arbeit macht frei)*. É assim, então, que a torre de vigia controlava verticalmente.

Figura 8.4 – Controle vertical na torre de vigia

Fonte: Distel; Jakusch (1978, p. 41).

Figura 8.5 – O "trabalho feliz" (pois "**o trabalho faz a liberdade**")

Fonte: Distel; Jakusch (1978, p. 66).

Figura 8.6 – A tortura alinhada e organizada

Fonte: Distel; Jakusch (1978, p. 119).

Figura 8.7 – A disposição horizontal dos blocos e da prisão

Fonte: Distel; Jakusch (1978, p. 77).

Figura 8.8 – O alinhamento dos prisioneiros

Fonte: Distel; Jakusch (1978, p. 77).

Em resumo, os campos de concentração eram, antes de tudo, uma construção semiótica fabricada pela práxis nazista: o espaço, o tempo, os movimentos e as distâncias (proxêmica), os gestos, a postura e as atitudes corporais ordenadas, alinhadas e eretas (cinésica) eram recortados pelos corredores isotópicos e estereótipos que exaltavam a ordem, o alinhamento, a verticalidade, a uniformidade, a retitude e a limpeza. Os campos de concentração constituem, pois, um exemplo perfeito (e infeliz!) de um microssistema semiótico de poder e de controle totalitário. Na práxis nazista, a busca obsessiva por um controle total e absoluto levará a uma oposição coerente entre as isotopias meliorativas do arianismo e as isotopias pejorativas do semita, o qual deve ser eliminado, pois pode contaminar e corromper a pureza ariana; isso explica os vários signos de discriminação criados pelo racismo nazista, como nos bancos dos jardins públicos "**só para arianos**" ou os signos de identificação de judeus (**Quando você vir esta marca...**).

Figura 8.9 – Bancos de jardins exclusivos para arianos

Fonte: Distel; Jakusch (1978, p. 105).

Figura 8.10 – Símbolo de identificação de judeus

Fonte: Distel; Jakusch (1978, p. 103).

A obsessão semiótica: a tabela de classificação dos prisioneiros

A ambição totalitária atinge o paroxismo classificador na criação do quadro a seguir, sobre o qual vão desembocar todos os corredores isotópicos e estereótipos criados pela oposição ariano *versus* semita. Observemos a estrutura semiótica da Tabela 8.2.

Tabela 8.2 – Signos nazistas para classificar prisioneiros

Marcas para prisioneiros nos campos de concentração

Forttabela – Formas e cores

	Político	Criminoso	Emigrante	Estudioso da Bíblia (evangélico)	Homossexual	Associal
Cores básicas	▼	▼	▼	▼	▼	▼
Marcas para prisioneiros recidivistas	▬▼	▼	▼	▼	▼	▬▼
Prisioneiros do barracão disciplinar	▼◉	◉	◉	◉	◉	▼◉
Marcas para judeus	✡	✡	✡	✡	✡	✡

Outras marcas				Exemplo
✡ Judeus: raça vergonhosa	✡ Raças vergonhosas	◉ Suspeito de fuga	2307 Número do prisioneiro	
▼ Polonês	▼ Checo	▲ Membro do exército	▮ Idade do prisioneiro	

Fonte: Adaptada de Distel; Jakusch (1978, p. 58).

Podemos notar que os prisioneiros recebem marcas (*Kennzeichen*) estruturadas por um código de termos, de figuras geométricas e de cores, cujos fundamentos podem ser encontrados justamente na ideologia totalitária da práxis nazista. Com efeito, podemos constatar que:

a. Os termos **político**, **criminoso**, **emigrante**, **judeu**, **homossexual** e **associal** representam estereótipos produzidos pelos corredores isotópicos do semitismo, sempre em oposição aos corredores do arianismo; esses termos indicam, portanto, indivíduos que, sob o ponto de vista social ou psicológico, são marcados – segundo a percepção nazista – por um desvio, uma sinuosidade moral ou uma falta de retitude.

b. A forma que está na base do sistema de figuras é o triângulo. Por quê? Antes de tudo, devemos destacar o papel desempenhado pelos corredores isotópicos do arianismo: o homem ideal do nazismo, já o sabemos, é o ariano ereto, vertical, branco, obediente, limpo e alinhado. Em oposição a esse ser ideal, o não ariano é representado pelo judeu torto, sinuoso, sombrio, desobediente, sujo e não alinhado. Podemos compreender então por que a *semioticidade* é o mais negativo corredor isotópico na práxis nazista. Consequentemente, a estrela judaica seria o signo mais representativo dos traços ideológicos negativos, portanto, a melhor marca para os prisioneiros, isto é, os não alinhados. Como havia, entretanto, prisioneiros que não eram judeus, sua marca seria um componente da estrela, a saber, o triângulo; nascido da estrela judaica, emblema da **semiticidade** negativa, o triângulo torna-se o signo ou unidade mínima do sistema de marcas dos prisioneiros.

c. É preciso observar também as isotopias negativas que se encontram por trás do código semiótico das cores: amarelo (referência à covardia) para os judeus, vermelho para os políticos e rosa para os homossexuais.

Conclusão

Esperamos que nossa análise possa representar uma pequena contribuição para os estudos sobre o universo concentracionário, na medida em que a semiótica nos possibilita compreender não somente as relações entre a práxis, a ideologia, os estereótipos, os sistemas de signos e símbolos, mas também como toda essa construção ideológica pode ser utilizada pelos sistemas de poder e controle social. Esse trabalho procura ilustrar, sobretudo, como nossa percepção pode ser manipulada e condicionada a tal ponto que passamos a perceber uma "realidade" totalmente fabricada pelos corredores isotópicos ou semânticos. E acreditamos que não seria exagerado afirmar que o quadro de classificação dos prisioneiros dos campos de concentração nazistas nos deixa entrever uma construção ideológica não apenas do nazismo, mas de todo sistema totalitário.

Referências

BERBEN, P. *Histoire du camp de concentration de Dachau*. Bruxelas: Comité International de Dachau, 1976.

BLIKSTEIN, I. *Kaspar Hauser ou a fabricação da realidade*. São Paulo: Cultrix, 2003.

BOPP, F. *Préface a la grammaire comparée des langues indo-européennes*. Paris: Imprimerie. Impériale, 1885-1889.

DISTEL, B.; JAKUSCH, R. *Concentration camp Dachau 1933-1945*. Bruxelas: Comité International de Dachau, 1978. (Catálogo)

LEVI, P. É isto um homem? (*Se questo è un uomo*) – Rio de Janeiro: Rocco, 1988.

SCHAFF, A. *Langage et connaissance*. Paris: Anthropos, 1974.

SCHLEICHER, A. *Die deutsche Sprache,* Berlin, 1860.

CAPÍTULO

LINGUAGEM, DISCURSO E WORLDVIEW

James R. Taylor
Adriana Machado Casali

Desde suas origens, uma preocupação central das pesquisas organizacionais da Escola de Montreal (BRUMMANS, 2006) tem sido o papel da linguagem e do discurso na constituição da organização (TAYLOR et al., 1996; TAYLOR; VAN EVERY, 2000). O argumento desenvolvido por esta escola tem sido enquadrado na literatura como o que Putnam (2013) designou enquanto "dialética" texto e conversação. Neste capítulo, abordamos essa dinâmica transmodal da linguagem em uso – a conversação que se torna possível via texto *versus* o texto que é mobilizado na conversação – como um fenômeno de *worldview* (TAYLOR, 1996; 2000; 2005; TAYLOR; GURD; BARDINI, 1997).

Ao distinguir texto e conversação, seguimos Halliday e Hasan (1985), os quais definem texto como

> uma linguagem que é funcional [...] que está fazendo algum trabalho em algum contexto [...] um **produto** no sentido de que é uma saída, algo que pode ser gravado e estudado, tendo certa construção que pode ser representada em termos sistemáticos [...] um **processo** no sentido de um processo contínuo de escolha semântica, um movimento em uma rede de significações potenciais, na qual cada conjunto de opções constrói o ambiente para um outro conjunto ulterior (HALLIDAY; HASAN, 1985, p. 10).

A conceituação de Halliday e Hasan nos leva a definir conversação como fala-em-contexto, ou como o que Drew e Heritage (1992, p. 17) têm chamado "procedimentos e recursos pelos quais os atores podem se envolver em interações sociais mutuamente inteligíveis... uma arquitetura de intersubjetividade e de responsabilidades morais". O texto compartilha com outras tecnologias que usamos em nosso cotidiano suas próprias possibilidades estruturantes: elas servem a nossos propósitos, mas também nos impõem a obrigação de nos submetermos a seus mecanismos processuais. Tais tecnologias são mais que uma "arquitetura": elas definem os caminhos que devemos aprender a seguir. Assim sendo, a linguagem é conversação e texto.

A Figura 9.1 apresenta a base lógica do conceito de *worldview* visto por esta lente invertida de duas vias.

Figura 9.1 – A base do conceito de *worldview*

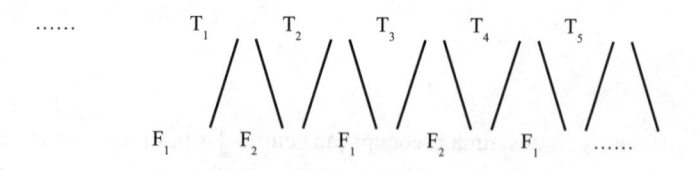

A base é percebida alternativamente como: (1) uma conversação possibilitada por um texto; ou (2) como um texto materializado por meio de uma conversação.

Fonte: Elaborada pelos autores.

Conceito de *worldview*

Uma forma de interpretar a Figura 9.1 é considerá-la uma sequência na qual o Falante $(F)_1$ diz algo (T_1), para o F_2, o qual, por sua vez, decodifica o que foi dito ("entende") e, então, responde proferindo T_2, em seguida F_1 responde (T_3), e assim por diante. Na perspectiva dos Falantes, essa sequência é uma interação. Como alternativa, no entanto, na perspectiva dos Textos, essa mesma sequência será interpretada como uma instância estruturada da linguagem que corresponde ao que é, às vezes, chamado "gênero": pedir o jantar em um restaurante, a entrevista de um médico com um paciente, um interrogatório no tribunal, entre outros exemplos. Todos estes "gêneros textuais" assumem que as elocuções dos indivíduos são materializações de um script (possibilitado por um texto), que produzem uma situação identificável e dão vida à prática associada a tal texto, "mais uma vez pela primeira vez" (GARFINKEL; RAWLS, 2002). A "gramática" que gera o texto não é, portanto, limitada à análise da estrutura das sentenças. Sequências tais como a ilustrada entre T_1 e T_5 (e assim por diante) têm um princípio semântico-sintático próprio de ordenação e tornam-se objeto de estudo da importante ciência da análise da conversação (SCHEGLOFF, 1986; 1991; HERITAGE, 1984). As pessoas usam a linguagem, mas a linguagem as obriga a respeitar suas regras e procedimentos, sendo assim a linguagem usa as pessoas.

Ao observar as perspectivas alternativas que a Figura 9.1 projeta, expressamos uma diferença entre *worldviews*. Em uma *worldview*, percebe-se os indivíduos usando a linguagem e se comunicando uns com os outros. A ênfase está na dinâmica humana: compreender o outro e que eles estão dizendo, e simultaneamente trabalhar com isso para negociar uma interpretação do que está acontecendo no mundo das pessoas, o que Karl Weick chamou de *sensemaking* (WEICK, 1979; 1995). Erving Goffman (1959), em um livro que se tornou um clássico da literatura, refletiu sobre este fenômeno de forma diferente e observou como as pessoas "se apresentam" e como, ao fazê-lo, reivindicam certa identidade. Contudo, a ênfase ainda está centrada na interação por meio da linguagem e por ela mediada.

Poderíamos chamar isso, interpretando a Figura 9.1, como uma *bottom-up worldview*, ou uma visão de mundo de baixo para cima, a qual privilegia a linguagem em uso. Sob essa perspectiva, se afirmamos que a comunicação "constitui" a organização (TAYLOR; VAN EVERY, 2000; COOREN; TAYLOR; VAN EVERY, 2006; PUTNAM; NICOTERA, 2009), observamos, então, como a organização emerge progressivamente das trocas conversacionais entre os membros de suas comunidades localmente situadas e coletivamente interligadas por sistemas de coordenação, sempre com a negociação calcada na fala, em um fluxo interativo (BODEN, 1994).

No entanto, uma visão de mundo alternativa, *top-down worldview*, compreende a organização de forma diferente, como uma composição lógica de padrões socialmente legitimados de interação, algo que é aprendido por pessoas à medida que elas crescem e são socializadas, ou como uma estrutura que pode até mesmo ser conscientemente concebida e implantada "de cima para baixo"; observe-se que isso não é apenas um empreendimento a ser "administrado", mas um programa a ser conceituado, tal como uma estratégia ou uma rota estratégica, tornando-se assim algo que pode, então, ser operacionalizado. O conceito de cultura corporativa se encaixa muito bem neste modelo uma vez que os novos membros têm de ser "doutrinados". Outros exemplos dessa perspectiva são os modismos gerenciais implantados por meio de programas, tais como a Reengenharia de Processos (HAMMER; CHAMPY, 1993). Toda a área de planejamento e estratégia, uma vertente muito importante da administração, é validada pela lógica de tal *worldview*, segundo a qual o texto estrutura a ação, à medida que fornece seu plano.

Dentre essas duas visões de mundo, não há um caminho "certo" e outro "errado" para estudar a organização que se manifesta na comunicação: ambos são corretos. As pessoas constroem seu mundo, de forma proativa, mas elas também são orientadas em suas ações por planos e formas preestabelecidas de agir e compreender o mundo. *Worldview*, como definimos, é, portanto, algo inerente à organização humana. O que é crucial, para os que estudam as organizações e estão comprometidos com a compreensão de sua dinâmica, é reconhecer que há uma escolha a ser feita. Nas ciências físicas, por exemplo, entende-se que, se você estudar a luz enquanto onda, é isso que vai encontrar quando observar este fenômeno, se estudar a luz enquanto partícula, também será isso o que a natureza irá lhe dizer. Todavia, a luz é tanto uma partícula como uma onda. Enquanto cientistas organizacionais, estamos diante de uma escolha semelhante: uma organização é algo que se constitui tanto "de baixo para cima", como "de cima para baixo". Todavia, para o analista, nunca os dois ao mesmo tempo, porque o que você encontrar (medir ou observar) depende da escolha de perspectiva que você optou por adotar.

Linguagem: texto e conversação

O fator crucial é a linguagem. Como o fundador da linguística moderna, Ferdinand de Saussure observou que a linguagem compreende língua e fala (ou, em nosso jargão diferenciado: texto e conversação). Na versão da fala,

> o indivíduo é considerado como a unidade de análise fundamental. A sociedade, nessa visão, é um epifenômeno que resulta do uso que o indivíduo faz do sistema para interagir com os outros. Isto é, a partir da perspectiva da fala, a sociedade não é mais do que um agregado dos indivíduos que a compõem. O indivíduo é tido como mais real, porque ele ou ela está fundamentado na materialidade do indivíduo como organismo biológico (THIBAULT, 1997, p. 117).

Por outro lado, também de acordo com esse autor, "uma teoria do indivíduo baseada na língua procura identificar características que são critérios para o desempenho do papel de um dado participante, definido como um tipo social" (THIBAULT, 1997, p. 119). Do ponto de vista da língua:

> as convenções e recursos sociossemiológicos da língua são distribuí-dos via "conjuntos de indivíduos" socialmente definidos, independentemente do fato de um determinado indivíduo deste "conjunto" usar ou não tais convenções e recursos, a qualquer momento. [...] Nesse sentido, a língua é virtual, porque ela existe enquanto um conjunto de capacidades, disposições e expectativas, as quais só são realizadas descontinuamente por qualquer indivíduo quando ele ou ela se envolve em atos de fala construídos coletivamente (THIBAULT, 1997, p. 123).

Uma analogia é a sentença. Sob essa perspectiva, as pessoas expressam o que elas querem dizer enunciando sentenças. Gramáticos, no entanto, compreendem as sentenças diferentemente, como algo produzido por máquinas lógicas (CHOMSKY, 1968), que segue um conjunto preestabelecido de regras de formação, o qual tem de ser aprendido e mobilizado pelas pessoas antes que essas possam falar de forma coerente. (Mais uma distinção entre fala e língua de Saussure com aparência diferente.) Nas palavras do pragmático John Dewey (1958, p. 145),

> por toda parte na natureza que temos de encarar o princípio geral da unidade de formação, e o fato de que as novas unidades não precisam ser uma mera soma das partes componentes, mas pode ser na verdade uma nova entidade não totalmente previsível das partes componentes e conhecida apenas através da experiência real com este produto específico.

Formulando esta ideia nos termos da Figura 9.1, isso implicaria que, para entender uma conversa entre F_1 e F_2, teríamos de olhar para seu padrão subjacente, um padrão que não é redutível a qualquer troca única, e que implica uma espécie de "gramática" da situação que aqueles que estão interagindo tiveram de aprender, como parte de sua socialização.

Atos de fala, terceiridade e *organizing*

Em um trabalho publicado postumamente, em 1962, o qual, tal qual o livro de Goffman, também tornou-se um clássico da literatura, John Austin repreendeu seus colegas filósofos por sua tendência de pensar a linguagem essencialmente como nada mais que um veículo para o transporte de significado, ou como uma sucessão linear de "locuções". No contexto da Figura 9.1, isso significa destituir o texto de suas implicações construtivas, de como o texto organiza, para compreendê-lo como nada mais que um veículo para o transporte do pensamento ou da "informação" (SHANNON, 1948). Contra essa visão tradicional, Austin desenvolveu uma perspectiva alternativa, da linguagem como "ilocucionária". A linguagem é um meio pelo qual as pessoas fazem coisas: mobilizar outras pessoas agindo sobre elas por meio de um ato de fala. Qualquer enunciado é claramente uma locução (fala), mas também é, Austin insistiu, ilocucionário: é dirigido a alguém e assume um entendimento responsivo da outra parte. Se essa pessoa é mobilizada a agir por essa locução, o ato de fala se torna perlocucionário: uma ação por meio da agência de outro para efetuar uma mudança no mundo. A linguagem, vista assim, é uma instrumentalidade, e, como qualquer outra tecnologia que empregamos: realiza coisas. Para citar um contemporâneo de Austin, Ludwig Wittgenstein (1958, p. 10-11), isso se reduz "ao fato de que as sentenças que têm o mesmo sentido têm o mesmo **uso** [...] o falar da linguagem é parte de uma atividade, ou de uma forma de vida".

Há, entretanto, uma consequência organizacional da teoria dos atos de fala de Austin, a qual nos lembra de que: não apenas as pessoas agem, textos também agem, segundo o modo pelo qual possibilitam e estruturam o comportamento verbal. Austin (1962, p. 14-15) explica isso desta forma: "deve existir um procedimento convencionalmente aceito que tem um certo efeito convencional, um procedimento que envolve determinadas palavras proferidas por determinadas pessoas em determinadas circunstâncias" e "as pessoas e as circunstâncias específicas em um determinado caso devem ser apropriadas para invocar o procedimento específico", além disso, "o procedimento deve ser executado por todos os participantes correta e completamente".

Isso é como a linguagem e o discurso possibilitam/constituem a organização. Eles impõem um "procedimento": a "enunciação de determinadas palavras por determinadas pessoas em determinadas circunstâncias". Em uma obra mais recente da Escola de Montreal (TAYLOR; VAN EVERY, no prelo), exploramos o que Austin descreveu, ações cujo significado está sujeito "a um procedimento convencionalmente aceito". Entendemos que tal procedimento a ser seguido é uma ilustração do que o filósofo pragmatista, Charles Sanders Peirce (1955), chamou "terceiridade".

Novamente usando a Figura 9.1 como guia, compreendemos que qualquer interação envolvendo F_1 e F_2 supõe, para Peirce, dois tipos de terceiridade. O primeiro identifica estruturas de texto que fornecem a "gramática" que sustenta a realização de qualquer tipo de ação colaborativa direcionada a um objeto: fazendo algo construtivo, como fazer o jantar ou construir um arranha-céu. Existe a arte da culinária que prevê que se deve fazer algo em certa ordem para produzir determinado resultado. Há também a arquitetura do design e as práticas que materializam o projeto do arquiteto.

Um segundo tipo de terceiridade também está implícito neste processo na medida em que os atos de fala permitem que uma equipe de cozinheiros trabalhe em conjunto: tal terceiridade não versa sobre forma de assar o bolo, mas sobre quem deve fazer o que e em que ordem. O mesmo ocorre nas especialidades que envolvem uma obra de construção civil. Trabalhar colaborativamente, como Wittgenstein também escreveu, supõe o cruzamento de papéis e ordens de agir que correspondem ao que Austin denominou um "procedimento convencional" envolvendo "determinadas pessoas".

Isto é o *organizing*, um processo de organização contínuo. Podemos compreendê-lo de duas maneiras: (1) de baixo para cima quando as pessoas interagem umas com as outras de forma colaborativa para alcançar um objetivo com o qual todos estão comprometidos, inventando novas maneiras de fazer as coisas quando precisam; ou, alternativamente, (2) quando as pessoas desempenham um papel em um roteiro que lhes diz o que devem fazer, e em que ordem. Novamente, isso representa a dicotomia língua e fala de Saussure em uma nova roupagem. De baixo para cima *versus* de cima para baixo, no contexto da Figura 9.1.

Nossa pesquisa tem se concentrado na dinâmica resultante das tensões produzidas pela simultaneidade dos processos organizantes: de baixo para cima e de cima para baixo. O *top-down* (língua em primeiro lugar e fala em segundo) representa o *worldview* que assume a existência de um entendimento, *a priori*, de como as coisas funcionam e de como se realiza um trabalho: como executar determinada tarefa, como um roteiro a ser seguido. No entanto, as circunstâncias mudam. Novas tecnologias entram em cena. O script torna-se desatualizado. Então, aqueles que foram eleitos para fazer a tarefa na prática têm que inovar, o que quer dizer trabalhar a sua própria terceiridade, suas próprias regras processuais e entendimentos de dependência mútua. Eles têm de encontrar uma nova linguagem para inscrever a nova forma de trabalhar em um texto virtual diferente. Então isso significa que, tendo a visão de longo prazo sobre a organização, existem versões alternativas de terceiridade, e elas não são mais compatíveis. Como isso funciona, organizacionalmente, na prática, é o ponto que abordamos em nossa pesquisa atual. Acreditamos que isso seja o fator crucial dos conflitos organizacionais (TAYLOR; VAN EVERY, no prelo).

O caráter transacional da organização

Historicamente, o uso especial do termo *worldview* que desenvolvemos até aqui teve sua gênese em simulações de sistemas complexos que se baseiam em computadores, uma disciplina que data dos anos 1960 e que foi amplamente empregada por especialistas em informática para projetar atividades organizacionais complexas, tais como aeroportos, portos, redes de transporte, hospitais, e assim por diante (TAYLOR; GURD; BARDINI, 1997). A base do conceito de *worldview*, tal como foi concebido pelos simuladores, é uma transação entre: (1) alguém que serve: médicos, engenheiros, professores, bancários, funcionários de supermercados etc.; e (2) alguém que é servido: pacientes em um hospital, motoristas dirigindo em uma estrada, estudantes em uma sala de aula, clientes de um banco ou de uma loja, e assim por diante. Em cada caso, o simulador poderia distinguir uma complementaridade de práticas que eles caracterizavam como exemplos de perspectivas alternativas ("cosmovisões", no jargão dos simulados): uma a dos pacientes (chamados de "partículas") e outra a dos servidores (que os simuladores classificavam como "atividades").

Existe, por exemplo, um abismo entre as experiências vivenciadas em um aeroporto; de um lado, temos os passageiros que devem percorrem seu caminho através dele, de outro, os funcionários, que todos os dias se dirigem ao aeroporto para executar as mesmas velhas rotinas de atividades, e que, quando necessário, lidam com crises ocasionais que possam vir a surgir. É o mesmo aeroporto, mas na experiência é algo muito diferente, porque os papéis dos servidores e dos servidos se ajustam em diferentes trajetórias de *sensemaking*. Os scripts dos viajantes e dos prestadores de serviços são mutuamente interdependentes, eles dependem uns dos outros, pois um não existiria sem o outro, mas o *worldview* que eles assumem é complementar: cada um fornece a estrutura que permite o *sensemaking* do outro. É uma transação ditransitiva (TAYLOR; VAN EVERY, 2000), que constitui os papéis de ambos.

Essa foi a percepção que fundamentou o trabalho do primeiro autor sobre organização e comunicação organizacional desde 1982, quando ele escreveu um artigo sobre a base da organização, que denominou "duplamente incorporada". Ele destacou o fato de que havia a relação entre dois aspectos da organização: profissional *versus* técnica (para uma discussão mais recente, consulte BARLEY, 1996). Os profissionais, que se relacionam com os clientes, dependem dos serviços técnicos que fornecem um suporte indispensável. Por exemplo, médicos precisam dos resultados de testes de laboratório para fazer seu trabalho, cineastas precisam de uma gama de serviços, tais como figurinos, cenários, laboratórios de cinema, pessoal de apoio etc. Observe-se que, em cada caso, há uma dicotomia, uma atividade/partícula na situação em questão. Suponha que as duas perspectivas se tornem incoerentes: como as diferenças seriam resolvidas?

Quando se trata de uma organização, a resposta é complicada. Afinal, cada parte, atividade e partícula, normalmente tem sua própria hierarquia de administração e controle, e o único chefe ao qual ambos estão subordinados e devem se reportar é o principal líder da organização: presidente, CEO, diretor do conselho de gestão sênior ou o qualquer outro título que esse indivíduo possua. Isso nos leva questionar se a lealdade à própria organização, o sentimento de pertencimento, seria o vínculo entre estas partes.

Worldview, cultura e organização

No latim, a origem da palavra "cultura" se refere a uma prática, tal qual a agricultura, piscicultura, horticultura, ou qualquer outra atividade semelhante, caracterizada por um modo do trabalho identificável, além de conhecimentos e habilidades técnicas a ele relacionados. No mundo de hoje, é perfeitamente razoável estender a utilização desse termo, pensado desta maneira, para fazer referência, por exemplo, à "cultura" da sala de operações de um hospital, de uma sala de aula, de uma produção cinematográfica, ou ainda da esfera de ação do trabalho policial, e assim por diante.

Posteriormente, filósofos do século 20, citando Cícero, perceberam a cultura de forma diferente como um refinamento das maneiras que levam ao cultivo do indivíduo. No entanto, os antropólogos têm uma visão diferente da cultura à medida que eles entendem que a cultura é observada nos modos de vida social e na vida prática de dada sociedade nativa, com suas raízes em um passado comum, que não se restringe somente às atividades práticas, mas também envolve religião, padrões sociais e familiares. Além das formas simbólicas utilizadas pelos indivíduos para representar a si próprios e suas experiências, as quais são materializadas em artefatos físicos, tais como modos de vestir, tecnologias e totens.

Nesse último sentido, podemos dizer que uma organização – no entendimento contemporâneo do termo como diversificado e geograficamente à configuração de atividades complementares – tem uma "cultura".

Se compreendermos "cultura" em seu sentido original, como um domínio de prática, então, as organizações atuais de qualquer tamanho considerável são claramente coleções de **muitas** culturas, e, por isso, sob a perspectiva de *worldview*, divididas pela singularidade de seus pontos de vista sobre o mundo. Muitas vezes, esses diferentes coletivos têm pouco em comum (pense nas afinidades entre o departamento de pesquisa e desenvolvimento com o departamento de design criativo, por exemplo). Contudo, o termo "cultura", enquanto refinamento pessoal, claramente não se aplica ao contexto organizacional.

Existem muitas expressões simbólicas, que podem caracterizar uma única organização, suas formas de trabalhar e de representar um trabalhador, seus colegas, o que é que eles estão fazendo e por que o fazem coletivamente, além de toda gama de artefatos físicos envolvidos no processo. Dadas as diferenças de cultura acionadas em ambientes organizacionais cada vez mais estendidos, devemos ser cautelosos ao assumir muito de uma homogeneidade cultural. No entanto, sugerimos que existe um fator que defende a noção de existência de "uma" cultura organizacional. Se existe continuidade da organização enquanto unidade social coerente, todos seus membros devem ser capazes de (ou sentem que são capazes de) se identificar com a organização enquanto uma unidade, fonte de sua própria autoridade e autenticidade. Esse sentimento de pertencer, fundamentado na transação básica que é a fundação de toda organização (da organização enquanto beneficiário, e seus membros como seus agentes – o que seria outra forma de compreender o *worldview*), manifesta-se em seus textos. Essa é apenas outra maneira de entender a dicotomia entre texto e conversação: a organização interpretada enquanto uma terceira pessoa onipresente, evocada nas conversações entre seus membros, e a base de sua legitimidade. Seus textos têm de ser fabricados nas conversações daqueles que se percebem como autores máximos de seus atos ou daquilo que os "autoriza" (TAYLOR, 2011; TAYLOR; VAN EVERY, no prelo).

Referências

AUSTIN, J. L. *How to do things with words*. Cambridge: Harvard University Press, 1962. vii, 166p. (The William James lectures; 1955)

BARLEY, S. R. Technicians in the workplace: ethnographic evidence for bringing work into organizational studies. *Administrative Science Quarterly*, v. 41, n. 3, p .404-41, 1996.

BODEN, D. *The business of talk*: organizations in action. Londres; Cambridge: Polity Press. 1994. 272p.

BRUMMANS, B. The Montréal School and the Question of Agency. In: COOREN, F.; TAYLOR, J. R.; VAN EVERY, E. J. (eds.). *Communication as organizing*: empirical and theoretical approaches into the dynamic of text and conversation. Mahwah, NJ: Lawrence Erlbaum, 2006. p. 197-212.

CHOMSKY, N. *Syntactic structures*. The Hague: Mouton, 1968. 120p. (Janua linguarum. Series minor; 4)

COOREN, F.; TAYLOR, J. R.; VAN EVERY, E. J. *Communication as organizing*: empirical and theoretical approaches into the dynamic of text and conversation. Mahwah, NJ: Lawrence Erlbaum. 2006. (LEA's communication series)

DEWEY, J. *Experience and nature*. Nova York: Dover Publications. 1958. xvi, 443p.

DREW, P.; HERITAGE, J. *Talk at work*: interaction in institutional settings. Cambridge [Reino Unido]; Nova York: Cambridge University Press, 1992. x, 580p. (Studies in interactional sociolinguistics; 8)

GARFINKEL, H.; RAWLS, A. W. *Ethnomethodology's program*: working out Durkheim's aphorism. Lanham, Md: Rowman & Littlefield Publishers, 2002. xiii, 299p. (Legacies of social thought)

GOFFMAN, E. *The presentation of self in everyday life*. Garden City, NY: Doubleday, 1959. 255p.

HALLIDAY, M. A. K.; HASAN, R. *Language, context, and text*: aspects of language in a social-semiotic perspective. Geelong: Deakin University Press, 1985. xiv, 126p.

HAMMER, M.; CHAMPY, J. *Reengineering the corporation*: a manifesto for business revolution. Nova York, NY: HarperBusiness, 1993. vi, 223p.

HERITAGE, J. *Garfinkel and ethnomethodology*. Cambridge; Nova York: Polity Press, 1984. viii, 336p.

PEIRCE, C. S. *Philosophical writings of Peirce*. Nova York: Dover Publications, 1955. 386p.

PUTNAM, L. L. Dialectics, contradictions, and the question of agency: a tribute to James R. Taylor. In: ROBICHAUD, D.; COOREN, F. (eds.). *Organization and organizing*: materiality, agency, and discourse. Nova York: Routledge, 2013. cap. 2.

PUTNAM, L.; NICOTERA, A. M. *Building theories of organization*: the constitutive role of communication. Nova York: Routledge, 2009. xviii, 222p.

SCHEGLOFF, E. A. The routine as achievement. *Human Studies*, v. 9, n. 2/3, p. 111-51, 1986.

_____. Reflections on talk and social structure. In: BODEN, D.; ZIMMERMAN, D. (eds.). *Talk and social structure*: studies in ethnomethodology and conversation analysis. Cambridge: Polity, 1991. p. 44-70.

SHANNON, C. E. The mathematical theory of communication. *Bell System Technical Journal*, v. 27, n. 10, p. 379-423; 623-56, 1948.

TAYLOR, J. R. Computer-aided message systems: an organizational perspective. In: NAFFAH, N. (ed.). *Office information systems*. Amsterdã; Nova York: INRIA/North-Holland Pub. Co., 1982. p. 631-51.

_____. *The worldviews of organizational communication*. Text of a talk given at the University of Colorado, Boulder, Colorado, EUA, 1996.

_____. Apples and orangutans: the worldviews of organizational communication. *Saison Mauve*, v. 3, n. 1, p. 45-64, 2000.

_____. Engaging organization through worldview. In: MAY, S.; MUMBY, D. K. (eds.). *Engaging organizational communication theory and perspectives*: multiple perspectives. Thousand Oaks, CA: Sage, 2005. p.197-221.

_____. Organization as an (imbricated) configuring of transactions. *Organization Studies*, v. 32, n. 9, p. 1273-94, 2011.

_____ et al. The communicational basis of organization: between the conversation and the text. *Communication Theory*, v. 6, n. 1, p. 1-39, fev. 1996.

_____; GURD, G.; BARDINI, T. The worldviews of cooperative work. In: BOWKER, G. C. (ed.). *Social science, technical systems, and cooperative work*: beyond the great divide. Mahwah, NJ: Lawrence Erlbaum Associates, 1997. p. 379-414.

_____; VAN EVERY, E. J. *The emergent organization*: communication as its site and surface. Mahwah, NJ: Lawrence Erlbaum Associates, 2000. xii, 351p.

_____; _____. *The situated organization*: case studies in the pragmatics of communication research. Nova York, NY: Routledge. 2011. 271p.

_____; _____. *When organization fails*: why authority matters. Nova York; Londres: Routledge, no prelo.

THIBAULT, P. J. *Re-reading Saussure*: the dynamics of signs in social life. Londres; Nova York: Routledge, 1997. xxii, 360p.

WEICK, K. E. *The social psychology of organizing*. Reading, MA: Addison-Wesley Pub. Co, 1979. ix, 294p.

_____. *Sensemaking in organizations*. Thousand Oaks: Sage Publications, 1995. xii, 231p. (Foundations for organizational science)

WITTGENSTEIN, L. *Philosophical investigations*. Nova York: MacMillan, 1958.

O PAPEL DO DISCURSO NA CONSTRUÇÃO DA REALIDADE SOCIAL: A EXPRESSÃO SIMBÓLICA DO SELO I'M GREEN™ DA BRASKEM

Claudia Mara Bocciardi Massici
Ana Luisa de Castro Almeida

Criada em agosto de 2002, com a fusão de empresas do setor petroquímico, a Braskem se tornou a primeira empresa petroquímica brasileira a integrar operações industriais de primeira e segunda gerações. Isso significa que, além da produção de insumos químicos básicos obtidos do fracionamento de derivados do petróleo (eteno, propeno, butadieno, cloro, soda e solvente), a empresa também produz resinas termoplásticas. Esses elementos, após serem processados por seus clientes, tornam-se artigos usados cotidianamente por toda a população, como embalagens de produtos de higiene pessoal e de alimentos. Com 36 plantas industriais distribuídas pelo Brasil, Estados Unidos e Alemanha, a Braskem conta atualmente com uma equipe de 7,6 mil integrantes.

Após a consolidação do setor petroquímico no Brasil, a Braskem posicionou-se como a maior produtora de resinas termoplásticas das Américas, e, nesse contexto, estabeleceu um modelo de negócio com foco estratégico na produção e comercialização de polietileno, polipropileno e PVC. A empresa preocupa-se com a absorção do compromisso do desenvolvimento sustentável por toda a cadeia de matérias-primas, pautando-se na inovação e na autonomia tecnológica. Nesse sentido, parte importante de suas atividades consiste na dedicação à inovação e à pesquisa desenvolvida com centros parceiros, que atuam em projetos de ruptura tecnológica. Tais centros permitiram o desenvolvimento de uma linha de produtos de matéria-prima renovável, com origem na cana-de-açúcar, como é o caso do eteno e do polietileno verde, conhecido como "plástico verde".

A Braskem reconhece a importância da sustentabilidade na sociedade contemporânea, o que envolve, necessariamente, o posicionamento da empresa em relação às questões sociais e ambientais. O fato de lidar com a extração de recursos naturais, assim como com a fabricação de produtos que têm como base o petróleo, exige uma atuação cuidadosa e criteriosa que vai além do cumprimento de todas as exigências legais defendidas pelos órgãos reguladores. Isso significa, portanto, assumir um compromisso que se concretiza por meio de iniciativas e ações que buscam o desenvolvimento de produtos e processos mais sustentáveis. Nesse sentido, a empresa procura criar diálogos com os vários segmentos da sociedade para entender melhor as demandas sociais e avançar em políticas e diretrizes que efetivamente gerem resultados econômicos e sociais atrelados ao desenvolvimento sustentável.

Alguns setores econômicos/industriais partilham dessa mesma realidade em que o crescimento coexiste com os desafios de encontrar formas mais sustentáveis para alcançá-lo. Nesse contexto, o que diferencia as organizações é a real disposição de buscar essas alternativas que envolvem grandes investimentos em pesquisa e desenvolvimento. Com esse pensamento, desde a sua criação a Braskem direciona investimentos em pesquisas visando justamente ao desenvolvimento de tecnologias que viabilizem a produção de produtos mais sustentáveis.

Em 2006, parte dos investimentos da empresa foi direcionado à busca de uma rota tecnológica que possibilitou à empresa produzir, em escala industrial, resinas tendo por base insumos renováveis. Além do fato de o etanol e a biomassa serem alternativas ao uso do petróleo, outras vantagens se somam ao chamado "plástico verde". Cada tonelada de polietileno verde produzida captura e fixa até 2,5 toneladas de CO_2 da atmosfera,[1] contribuindo para a redução do efeito estufa e do aquecimento global. Além disso, como esse plástico é idêntico em propriedades e processabilidade ao petroquímico, a cadeia de transformação do plástico se beneficia ao poder utilizar o mesmo parque industrial sem qualquer investimento

---

[1] Análise de ecoeficiência realizada pela Fundação Espaço Eco (do berço ao portão da Braskem).

e necessidade de adaptação em máquinas, equipamentos e em design de produtos, obtendo as mesmas características e desempenho do plástico convencional. Esse projeto integra a busca da empresa por construir uma plataforma de atuação sustentável, que possibilite o desenvolvimento econômico associado ao social e ambiental.

Um produto pautado em raízes culturais

O modelo de negócios da Braskem, assim como sua estratégia corporativa, está alinhado à cultura empresarial denominada Tecnologia Empresarial Odebrecht (TEO). Criada pelo fundador da Organização Odebrecht, define a filosofia, os valores e as diretrizes que servem de referência para mais de 160 mil integrantes de suas empresas em todos os continentes. Quais seriam os princípios fundamentais da TEO? Entre suas bases está a crença na capacidade dos seres humanos e em sua vontade de evoluir, uma atuação que se baseia na satisfação do cliente e na preocupação com a responsabilidade comunitária e ambiental. Além disso, prezam-se o retorno do investimento dos acionistas e o reinvestimento dos resultados, de modo a garantir a sustentabilidade da empresa. Esses princípios são desdobrados em ações e posturas que permitem a observação de um comportamento coerente entre as empresas do grupo (ODEBRECHT, 2007).

Respaldado no entendimento de que a cultura organizacional consiste no conjunto de valores, crenças e práticas que orientam a atuação das pessoas dentro da organização e que se manifesta no cotidiano com base em artefatos e expressões simbólicas (CARRIERI, 2002), percebe-se que a Braskem tem uma cultura organizacional muito forte. De fato seus integrantes conhecem esses princípios e buscam cotidianamente praticá-los, de modo a enfrentar os desafios que se impõem. Desafios provenientes do cenário econômico nacional e mundial, desafios relativos ao setor de atuação, desafios vinculados à própria atividade da empresa – todos esses testam diariamente a capacidade da cultura organizacional de manter a coesão da empresa, tanto interna quanto externamente.

Destaca-se que a sustentabilidade em sua concepção mais ampla (envolvendo as dimensões econômica, social e ambiental) (ELKINGTON, 1994) está claramente presente na proposta de valor traduzida na cultura organizacional da Braskem. Valorizar as pessoas, sejam elas integrantes ou clientes, zelar pelo patrimônio do acionista e acreditar no desenvolvimento econômico associado ao social e ambiental, são expressões de uma postura que se quer sustentável. Essa filosofia também está refletida nos macro-objetivos da estratégia de desenvolvimento sustentável da empresa que têm foco em três pilares: processos produtivos cada vez mais sustentáveis, portfólio de produtos cada vez mais sustentável e soluções para que a sociedade tenha uma vida cada vez mais sustentável.

De forma mais específica, à luz desses pressupostos que marcam a atuação da empresa, foram definidos 10 macro-objetivos prioritários de atuação, entre os quais se destacam: tornar-se referência em segurança química; reduzir a emissão de gases de efeito estufa; aumentar a eficiência hídrica e energética; e ser o maior produtor de resinas termoplásticas com base em matérias-primas renováveis. São objetivos reconhecidos como audaciosos pela organização, mas que se fazem possíveis fundamentados em uma cultura organizacional que tem a sustentabilidade como valor.

Outra importante vertente da cultura organizacional da Braskem, que vai ao encontro do que foi mencionado até o momento, é sua gestão estratégica de inovação que se baseia no conceito de *open innovation*. Tal conceito refere-se a um modo de estimular a criação de novas ideias e projetos, por um contato com as tendências e oportunidades no mercado, que se dá por meio de parcerias com centros de pesquisa, comunidade científica e universidades que se sobressaem nos campos de estudo em questão. Além disso, a empresa dispõe de dois centros próprios de Inovação & Tecnologia, com cerca de trezentos profissionais que atuam na área e dedicam-se ao desenvolvimento de novos produtos para a Braskem, no Brasil e nos Estados Unidos. O foco das pesquisas realizadas são melhorias nos produtos existentes, assim como estudos sobre novas formas de produção com matérias-primas renováveis.

Um dos principais resultados de todos esses esforços de pesquisa foi justamente a criação do chamado plástico verde – um polietileno produzido da cana-de-açúcar. Em 2007, a Braskem foi a pioneira a certificar esse produto mundialmente pelo laboratório Beta Analytic Inc. O projeto representou um investimento de US$ 5 milhões e deu início à produção de 12 toneladas anuais do polietileno de alta densidade em planta piloto, destinados a testes junto a empresas no Brasil e no mundo, nos segmentos identificados para sua aplicação. A criação desse produto representou para a organização um reforço à possibilidade de exercer de forma concreta seus princípios voltados para a sustentabilidade, oferecendo a seus integrantes, bem como aos demais públicos de interesse, elementos que explicitam a coerência entre a cultura e as ações organizacionais.

Figura EC 1 – Relatório do laboratório Beta Analytic Inc.

Fonte: Cedida pela Braskem.

Do produto à marca: a busca pela tradução de um conceito

Produzir o plástico verde significou um grande e importante passo na trajetória da Braskem, mas trouxe também desafios quanto à importância de revelar o conceito por trás de sua produção. Não se trata apenas de tecnologia, mas do exercício da inovação em prol da sustentabilidade. No que se refere à comercialização, o fato de que tal polímero dispensa adaptações da indústria de transformação, como citado anteriormente, faz com que ele se torne mais atrativo. O benefício fundamental refere-se às vantagens ambientais relevantes, como a redução de cerca de 70% nos níveis de emissão de CO_2 ao longo de toda a cadeia produtiva. Todavia, como fazer com que o consumidor final perceba esse valor?

O próximo passo nessa trajetória seria, então, fazer com que os benefícios do uso do plástico verde chegassem ao consumidor final. Nesse momento iniciou-se um trabalho de desenvolvimento da marca capaz de sintetizar os diversos atributos contidos nesse produto. Assim foi criado o selo *I'm green*™ da Braskem. O objetivo principal da inserção do selo nas embalagens de produtos fabricados pelos clientes da Braskem foi justamente levar até o cliente final o conhecimento sobre a tecnologia que havia sido desenvolvida. Isso significa, basicamente, garantir ao consumidor que aquela embalagem ou produto foi produzido de uma fonte renovável, portanto, gera menor impacto ao meio ambiente.

O processo para desenvolvimento da marca foi constituído por quatro fases, desde uma etapa inicial de investigação e análise, passando pela definição da sua estratégia, a criação de uma identidade verbal e visual, até o delineamento de atividades de território uma marca. Tendo como pano de fundo, além de trazer a ideia de simplicidade a um conceito complexo, o desafio de desenvolver a marca que pudesse ser entendida globalmente. Buscando justamente esse entendimento, a empresa construiu a marca que contém elementos que visam fazer referência direta ao verde e à origem renovável do produto.

Figura EC 2 – Logotipo

Fonte: Cedida pela Braskem.

Entretanto, tornou-se cada vez mais claro o grande desafio que seria lidar com esse conceito, afinal, em nenhum momento histórico anterior, discutiu-se de tal forma a questão da sustentabilidade. Hoje as informações estão muito mais acessíveis, assim como a consciência sobre as consequências irrecuperáveis de ações destrutivas em relação ao ambiente de forma geral. Há ainda

183

Estudo de caso » O papel do discurso na construção da realidade social: a expressão simbólica do selo *I'm green*™ da Braskem

uma grande desconfiança entre os consumidores sobre o tema, principalmente quando o enunciador é uma organização econômica. Tornou-se clara a necessidade de trabalhar esse entendimento de que a empresa reconhece que também precisa se envolver nesse processo de mudança, assumindo seu papel fundamental na sociedade. Nesse contexto, concebendo a linguagem como produtora e reprodutora da realidade (BAKHTIN, 1992), foi por meio dela que a empresa buscou construir sentido para esse projeto.

O desafio da comunicação: o discurso que constrói a realidade

A essência do projeto *I'm green*™ está na busca por desenvolver soluções sustentáveis. Em nenhum momento nega-se o fato de que o plástico em sua versão tradicional ainda é o mais utilizado. Não se trata de omitir, mas de mostrar que a empresa mobiliza esforços de modo a contribuir para o processo de mudança. Isso significa, principalmente, ter a preocupação de não fazer promessas que não se pode cumprir ou, então, de sucumbir a um discurso que é por natureza insustentável. O chamado *greenwashing* consiste justamente no discurso vazio de organizações que utilizam a imagem do ecologicamente correto para obter retornos quanto à lucratividade e apoio político. Esse discurso também constrói a realidade, mas é facilmente desfigurado ao não encontrar respaldos que lhe sustentem.

Nesse sentido, a Braskem entendeu que era necessário criar uma plataforma de marca que pudesse trabalhar a história do produto e sua identidade de forma integrada aos valores de sua cultura organizacional. Somente assim seria possível lidar com as diversas resistências em relação aos chamados genericamente de produtos verdes, criadas, principalmente, de experiências negativas com organizações que praticam o *greenwashing*. Como ser reconhecido como diferente? Mais uma vez foi na comunicação ancorada no arcabouço simbólico da cultura organizacional (MARCHIORI, 2008) que a empresa enxergou a possibilidade de ser percebida como diferente.

Era necessário, então, expressar pela comunicação o compromisso da empresa de buscar soluções e caminhos para amenizar os desafios contemporâneos relacionados com sua própria atividade produtiva. A ideia foi a todo o momento associar o plástico verde a uma questão maior, vinculada à sustentabilidade, e que, portanto, não se restringe apenas ao universo dos biopolímeros. Um discurso não apenas para o transformador, ou seja, para as organizações que utilizam o plástico verde como matéria-prima, mas também para o consumidor. Nesse esteio, a frase escolhida como síntese do conceito foi: "Para fazer diferente."

Figura EC 3 – Anúncio de lançamento do "plástico verde"

Fonte: Cedida pela Braskem.

A linha condutora da comunicação é a importância de demonstrar que todo o projeto consiste, acima de tudo, em uma proposta de valor associada ao que a empresa tem como princípios orientadores. As maneiras de tornar isso tudo visual e acessível aos diversos públicos foram, e continuam sendo, as mais variadas. Para o lançamento, foram desenvolvidas ações voltadas para clientes estratégicos, comunicação geral contendo explicações sobre o plástico verde, além do desenvolvimento de *co-branding* com empresas que passaram a adotar o plástico verde em suas embalagens.

Figura EC 4 – Imagens de campanhas de *co-branding*

Fonte: Cedida pela Braskem.

É importante destacar o trabalho interno realizado; afinal, a empresa percebe seus integrantes como os principais embaixadores da proposta de valor em questão. Nesse sentido, a efetividade do discurso somente seria alcançada se esse público, que é parte fundamental na construção e vivência da cultura, encontrasse nele algum sentido. Um exemplo foi envolver o público interno na campanha de lançamento de um dos primeiros produtos contendo plástico verde em sua embalagem. Tais produtos eram leites do tipo longa vida de duas marcas produzidas pela Nestlé e vendidas em embalagem da Tetra Pak, os quais foram degustados pelos integrantes durante duas semanas. Além da degustação foram distribuídos aos integrantes materiais de divulgação sobre as vantagens do biopolímero, justamente com o intuito de familiarizá-los com a nova proposta.

Figura EC 5 – Mala direta enviada no lançamento do selo *I'm Green*™ para integrantes e clientes

Fonte: Cedida pela Braskem.

Figura EC 6 – Identidade visual na Unidade Industrial de Eteno Verde

Fonte: Cedida pela Braskem.

185

Estudo de caso » O papel do discurso na construção da realidade social: a expressão simbólica do selo *I'm green*™ da Braskem

Figura EC 7 – Desenvolvimento do Banco Imobiliário Sustentável:
parceria com Estrela

Fonte: Cedida pela Braskem.

A comunicação ainda enfrentou outros desafios relacionados com a necessidade de também desenvolver um papel de educador para a conscientização das diferenças e afinidades entre o plástico e o plástico verde. Além disso, a diferença entre biodegradável e renovável também precisou ser incorporada, tendo em vista a grande confusão sobre os significados desses termos. Todas essas questões foram consideradas no momento da definição da comunicação que se iniciou quando do lançamento da marca, mas que, de fato, é construída diariamente pela empresa na relação com os seus diferentes *stakeholders.*

Os desdobramentos desse percurso

A experiência do projeto *I'm green™* foi desde o início algo muito interessante para a empresa e para seus públicos de relacionamento, em diferentes dimensões. No que tange às empresas que adotam o plástico verde na embalagem de seus produtos, tem-se a continuidade de uma filosofia que, para ser sustentada, também deve ecoar em suas práticas cotidianas. Assim como a cultura organizacional da Braskem é a baliza da capacidade simbólica desse discurso, há uma demanda para que isso também seja real nas empresas que utilizam esse produto. Nesse sentido, é uma ação que não se restringe à Braskem, mas se estende para as demais empresas da cadeia. É um processo natural – a colaboração também integra o conceito de sustentabilidade.

No que diz respeito ao público interno, percebe-se o orgulho dos integrantes em fazer parte de uma empresa que se dispõe a buscar soluções inovadoras e sustentáveis, e que demonstra essa preocupação em outros aspectos do relacionamento interno. Do ponto de vista da sociedade, percebe-se que, apesar das resistências apontadas, há uma demanda por mudanças comportamentais e, consequentemente, valorizam-se os atores que se propõem a tentar fazê-las. Para o país, de forma mais ampla, exportar esse tipo de tecnologia significa ocupar um espaço desejado de produtor, e não somente de consumidor do que é produzido externamente. Enfim, são várias as perspectivas e percepções sobre esse processo.

É importante ressaltar que a construção de um selo como o *I'm green*™ traz consigo uma série de desafios, principalmente no que tange ao reconhecimento desse diferencial pelos consumidores. Muitas pessoas, embora já estejam consumindo produtos que utilizam essa tecnologia, ainda não sabem o que ela significa quanto à contribuição para a preservação ambiental e não atribuem, portanto, valor a seu uso. Outro ponto, conforme discutido, refere-se à descrença já disseminada em relação à real preocupação das empresas com o meio ambiente, o que também precisa ser superado. Como a linguagem/discurso pode ajudar nesse processo? Como fazer com que o selo seja percebido para além de uma ação pontual de natureza comercial?

Do ponto de vista da discussão abordada de forma clara e detalhada ao longo do livro, percebemos aqui um exemplo da dinâmica entre cultura e linguagem, entre o alicerce simbólico e o ato (re)constitutivo da realidade. Entender a comunicação sob esse ponto de vista permite que ela exerça seu papel fundamental e possa, de fato, contribuir para a melhor interação entre a organização e seus diversos públicos, internos e externos.

Referências

BAKHTIN, M. *Estética da criação verbal*. São Paulo: Martins Fontes, 1992.

CARRIERI, A. P. A cultura no contexto dos estudos organizacionais: breve estado da arte. *Revista de Administração da UFLA,* Lavras, v. 4, n. 1, p. 38-50, 2002.

ELKINGTON, J. Towards the sustainable corporation: win-win-win business strategies, for sustainable development. *California Management Review*, 1994.

MARCHIORI, M. *Cultura e comunicação organizacional*: um olhar estratégico sobre a organização. 2. ed. São Caetano, SP: Difusão Editora, 2008.

ODEBRECHT, N. *Sobreviver, crescer e perpetuar*: tecnologia empresarial Odebrecht. Salvador: Odebrecht, 2007.

ROTEIRO PARA ANÁLISE DA FACE

Marlene Marchiori

O **Grupo de** Estudos Cultura e Comunicação Organizacional (Gefacescom),[1] cadastrado no CNPq, nasceu em 2003 na Universidade Estadual de Londrina (UEL).

Um dos maiores desafios organizacionais da atualidade concentra-se, primeiramente, em sua instância interna. Cada organização é única, assim como é o ser humano, com sua cultura peculiar, seus valores, sua forma de ser e ver o mundo. Somos testemunhas de que as organizações são compostas essencialmente de pessoas e sabemos que são elas que fazem, que arquitetam, que realizam e que constroem autenticidade nos relacionamentos. O desvelar das faces da cultura e da comunicação organizacional instiga o conhecimento desses ambientes, em seus processos, práticas, estruturas e relacionamentos.

O Gefacescom, ao desenvolver pesquisas teóricas sobre a temática, identificou que os estudos poderiam ir muito além do entendimento da cultura como visão, missão e valores nas organizações. Assim, desvendou e identificou diferentes faces, que possibilitam o conhecimento das realidades organizacionais, com linguagem e conteúdo próprios, sendo inter-relacionadas com a perspectiva de análise da cultura e da comunicação organizacionais. Um roteiro com sugestões de perguntas, adaptável para a análise de cada estudo temático, pode orientar o desenvolvimento de trabalhos nesse campo específico e em seus relacionamentos. O roteiro pode ainda fazer crescer o

---

[1] Disponível em: <http://www.uel.br/grupo-estudo/gefacescom>. Acesso em: 16 set. 2013.

nível de questionamentos, explorando em maior profundidade as diferentes faces, de acordo com a realidade observada na organização estudada, emergindo possibilidades de estudos que revelem interfaces e novas faces.

Nos volumes da coleção *Faces da cultura e da comunicação organizacional* encontram-se diferentes roteiros, totalizando mais de setecentos questionamentos.

Agradecemos a participação dos alunos de iniciação científica do Gefacescom, dos pesquisadores colaboradores Regiane Regina Ribeiro e Wilma Villaça e dos colegas: Fábia Pereira Lima, Leonardo Gomes Pereira, Márcio Simeone, que, com seus conhecimentos sobre campos específicos, colaboraram no desenvolvimento dos roteiros.

Linguagem e símbolos

Nos processos de comunicação a linguagem está presente. É fundamental entendermos como a linguagem incide nos relacionamentos. Existe a linguagem oral, escrita, técnica, não verbal – números, espaço, artefatos, tempo, movimento e a própria linguagem silenciosa – entre outras.

1. Quais dessas linguagens são mais facilmente observadas na organização?

2. Existem diferenças na linguagem entre os próprios indivíduos e entre os setores da organização?

3. Além das diferentes linguagens, há ainda diferentes usos de linguagem na organização?

4. Como você observa a linguagem pessoal?

5. E a linguagem profissional?

6. A linguagem no ambiente interno apresenta um tom mais pessoal ou profissional?

7. Quanto à linguagem cultural, o que se pode comentar?

8. Nas pequenas diferenças observadas em relação à existência de várias linguagens, você diria que existe algum tipo de troca que possibilite o entendimento entre essas pessoas?

9. Se as pessoas têm diferentes linguagens, isso compromete de alguma forma a produtividade da organização?

10. Você acredita que há alguma influência na questão de hierarquia e de poder quanto às diferentes linguagens utilizadas na organização?

11. Qual a preocupação da organização em relação à linguagem utilizada com os diferentes públicos?

12. O que você diria que é comum entre as linguagens utilizadas na organização?

13. O discurso da organização é condizente à ação que a organização desenvolve? Em caso afirmativo, como isso favorece o desenvolvimento da organização? Em caso negativo, por que você acha que isso ocorre?

14. Em que sentido esse discurso favorece o desenvolvimento da organização?

15. Qual a preocupação da organização em relação à produção dos meios a serem utilizados?

Em uma organização há muitos símbolos que podem ser reconhecidos prontamente, como slogan e logotipo, e outros não tão evidentes, mas todos passam uma mensagem.

Slogan

16. A organização conta com um slogan?

17. Qual é sua finalidade para a organização? Promover a marca exclusivamente para o consumidor ou para todos os seus públicos?

18. Qual é a ideia central do slogan?

19. Quem foi responsável por criar o slogan e como foi sua escolha e aprovação?

20. Quais os meios mais utilizados para sua veiculação?

21. Houve modificação do slogan desde a criação da organização? Em que momento? Por quê?

22. Quando houve a mudança, a ideia central do slogan foi mantida?

23. Qual sua opinião sobre o slogan e a eficácia deste?

24. Você acredita que o slogan utilizado está de acordo com o modo de ser da organização?

Logotipo

25. A organização tem um logotipo? Dê sua opinião sobre ele.

26. Quem foi responsável por criar o logotipo e como foi sua escolha e aprovação?

27. Houve modificação do logotipo desde a criação da organização? Em que momento? Por quê?

28. O logotipo está presente em todos seus produtos?

29. O logotipo representa adequadamente a organização?

Outras linguagens

30. Nessa organização, que tipo de objeto representa status? (placa na porta, sala individual, uniforme e restaurante diferenciados etc.)

31. Como você avalia seu espaço de trabalho? Quais são as diferenças entre o seu espaço e o dos demais funcionários?

32. O que o layout de sua organização transmite (impressão física)? Você acredita que ele consegue transmitir a essência da organização? Por quê?

Diálogo

33. O que a organização entende por diálogo? Como se dá esse processo na organização?

34. Como você vê o envolvimento das lideranças no processo de diálogo em todos os níveis organizacionais?

35. Quais são os benefícios que o diálogo fomenta para a cultura organizacional?

36. A organização possibilita o diálogo por meio de estratégias comunicacionais? Quais?

37. A organização oferece algum meio (conversas pessoais, reuniões, confraternizações) que facilite e estimule o diálogo entre todos os níveis do organograma institucional?

38. Existe a preocupação da organização com o surgimento de ruídos comunicacionais que atrapalham o diálogo efetivo?

39. Em que níveis da organização o diálogo é estimulado?

40. O diálogo é utilizado como ferramenta estratégica para viabilizar as ações organizacionais?

41. O diálogo é trabalhado de maneira formal ou informal pela organização?

42. Como seus colaboradores se utilizam do diálogo em seus relacionamentos internos na organização?

43. Qual é a dimensão do diálogo no processo de tomada de decisão?

44. Como você avalia o diálogo na organização? De forma positiva ou negativa? Por quê?

45. Como você avalia um diálogo bem estruturado?

Discurso

Discurso pode ser entendido por uma rede textual estruturada por linguagens que com base nos processos comunicativos criam vínculos entre os indivíduos gerando cadeias relacionais. Sendo assim, é importante a sua análise para verificar, principalmente, os sentidos que ele produz.

46. De que forma o discurso reflete a cultura organizacional?

47. O discurso organizacional quando escrito é produzido dentro da norma padrão da língua portuguesa e com uma estrutura formal?

48. Quais são as principais diferenças existentes entre os discursos orais e escritos?

49. Como se caracteriza, em geral, o estilo composicional (recursos lexicais, sintáticos, gramaticais e estrutura formal do texto) dos discursos da organização?

50. Quais são as principais intenções (intencionalidade) dos discursos produzidos pela organização em sua rede formal de comunicação?

51. Quais são as principais intenções (intencionalidade) dos discursos produzidos pela organização em sua rede informal de comunicação?

52. Os discursos apresentam características diferenciadas dependendo da temática (conteúdo da mensagem)? Discorra sobre isso.

53. Quem são as principais instâncias produtoras de discursos na organização (comunicação, marketing etc.)?

54. Elas trabalham em consonância ou dissonância?

55. De que forma o discurso organizacional está presente nas práticas organizacionais? Cite exemplos.

56. Como o discurso organizacional se efetiva para o interesse dos diversos públicos-alvo da organização?

57. Quem são os públicos-alvo (interlocutores) que mais são alimentados pelo discurso organizacional?

58. A organização acredita haver maior produção de discursos com a introdução das redes digitais de comunicação, na medida em que essas possibilitam maior intercâmbio de informações? Em caso afirmativo, cite exemplos.

59. A organização acredita haver maior modificação nos discursos com a introdução das redes digitais de comunicação, na medida em que essas possibilitam maior intercâmbio de informações? Em caso afirmativo, cite exemplos.

60. A organização leva em consideração os discursos produzidos pelas redes informais de comunicação?

61. Quais são as principais diferenças existentes nos discursos das redes formais de comunicação e das redes informais?

62. Você identifica mais de um discurso na organização? Em caso afirmativo, quais?

63. O discurso da organização é condizente à ação que a organização desenvolve?

64. Em que sentido este discurso favorece o desenvolvimento da organização?

Impressão   Sermograf Artes Gráficas e Editora Ltda.
Rua São Sebastião, 199
Petrópolis, RJ

*Esta obra foi impressa em offset 75g/m² no miolo,
cartão 250g/m² na capa e no formato 16cm x 23cm.*

Abril de 2014